T0015971

180
devocionales
para un
día mejor

CAREY SCOTT

180
devocionales
para un
día mejor

Ánimo e
inspiración para
la mujer

BARBOUR
ESPAÑOL
Un Sello de Barbour Publishing

ISBN 978-1-63609-698-8

Título en inglés: *180 Devotions for Your Best Day* © 2023 por Barbour Publishing, Inc.

Desarrollo editorial: Semantics, Inc. Semantics01@comcast.net

Publicado por Barbour Español, un sello de Barbour Publishing, Inc., 1810 Barbour Drive, Uhrichsville, Ohio 44683.

Nuestra misión es inspirar al mundo con el mensaje transformador de la Biblia.

Impreso en China.

Introducción

Todo buen día comienza con una oración. Hablar con Dios mientras te ocupas de tus cosas ayuda a que tu día sea aún mejor. Y, cuando te vas a dormir compartiendo tu corazón con el Padre, el día es *aún mejor*. Así que deja que el Señor sea tu compañía constante.

No importan los desafíos o las celebraciones, él quiere formar parte de la conversación. Dios quiere oírlo todo, directamente de tu boca. Estés molesta o asombrada, sacudida o alegre, herida o feliz... compártelo con él. Deja que tus sentimientos fluyan mientras le cuentas el día con tus propias palabras. Observa cómo se disipan las preocupaciones. Experimenta el deleite de Dios mientras hablas de tu emoción. Abraza la nueva dirección mientras recibes su guía. Amiga mía, así es como te preparas para tener el mejor día... *de toda tu vida*.

Empieza siempre con Dios

Que Dios, quien nos da seguridad, los llene de alegría.
Que les dé la paz que trae el confiar en él. Y que, por
el poder del Espíritu Santo, los llene de esperanza.
ROMANOS 15.13 TLA

Tus mejores días siempre empiezan con Dios. Incluso en las épocas más difíciles, es posible vivir con una sensación de alegría y paz. Cuando estás abrumada, herida, enfadada o afligida, poner tu esperanza en Dios cambia las cosas. Tu decisión de acudir a él primero te permite experimentar una abundancia de bondad directamente debido a la presencia de Dios.

Como creyentes, es importante que abracemos todo lo que nos ofrece esta vida de fe. No somos débiles ni enclenques. Dios añade su *sobre* a nuestro *natural*, y los resultados son extraordinarios. El Espíritu del Señor alimenta nuestra esperanza cuando le confiamos nuestras preocupaciones e inquietudes. Y eso es lo que nos ayuda a vivir nuestra mejor vida, pase lo que pase.

. . . .

Dios, ayúdame a recordar que tú eres la clave de
mi alegría y mi paz. Tú eres la razón por la que
puedo tener esperanza incluso cuando los tiempos
son difíciles. Permíteme comenzar cada día en
tu presencia. En el nombre de Jesús. Amén.

A la vuelta de la esquina

Alégrense por la esperanza segura que tenemos.
Tengan paciencia en las dificultades y sigan orando.
ROMANOS 12.12 NTV

A veces necesitamos que nos recuerden que la esperanza está a la vuelta de la esquina. Necesitamos recordar que está disponible para nosotras a través de la fe, no escondida de los creyentes. Hay momentos en que la vida se siente abrumadora y nuestra desesperación se derrama en lágrimas y oraciones. Deja que sea Dios quien construya la expectativa de que él te ve, y estás delante de él, ahora mismo.

Hay consuelo en saber estas cosas. Amiga, no estás sola porque él está siempre contigo. Aunque estés rodeada de una comunidad amorosa de personas que te apoyan, estas no sustituyen la bondad de Dios. Él es la esperanza con la que puedes contar sin falta. Él es la fuerza que te sostiene en los momentos difíciles. Dios es el que hace los días buenos. Confía en él.

* *

Dios, no siempre entiendo los detalles de tu plan
o la metodología de tu tiempo, pero sé que tú eres
bueno, pase lo que pase. Ayúdame a regocijarme
en la espera, creyendo que tu revelación está a la
vuelta de la esquina. En el nombre de Jesús. Amén.

Centrar la atención en la fe

¡Vivan con alegría su vida cristiana! Lo he dicho
y lo repito: ¡Vivan con alegría su vida cristiana!
FILIPENSES 4.4 TLA

Por supuesto, puedes contar con días buenos, temporadas alegres y momentos felices cuando las cosas van como tú quieres. Cuando se satisfacen tus necesidades y tus planes se desarrollan sin contratiempos, no es difícil navegar por tu agenda con una sonrisa. Ser agradable y estar esperanzada es fácil cuando las cosas van bien y abunda la esperanza. ¿No te parece?

Pero el versículo de hoy a veces parece una tarea difícil. Y la verdad es que incluso el creyente más experimentado puede tener dificultades para encontrar la alegría en tiempos de problemas y dolor. Es en esos momentos cuando queremos escondernos bajo las sábanas. Sin embargo, la Biblia tiene innumerables versículos que nos animan a tener un enfoque lleno de fe a través de las dificultades de la vida. Con fe, podemos elevarnos por encima de nuestras circunstancias y tener un día increíble porque sabemos que Dios ya está allí, haciendo un camino para que nuestra alegría rebose a pesar de todo.

- -

Dios, necesito tu ayuda para vivir este versículo.
Dame confianza para tener esperanza en cada etapa,
pase lo que pase. En el nombre de Jesús. Amén.

El poder de la perspectiva

*Hermanos míos, ustedes deben tenerse por muy
dichosos cuando se vean sometidos a pruebas
de toda clase. Pues ya saben que cuando su fe
es puesta a prueba, ustedes aprenden a soportar
con fortaleza el sufrimiento. Pero procuren
que esa fortaleza los lleve a la perfección, a
la madurez plena, sin que les falte nada.*
Santiago 1.2–4 DHH

¿Quieres vivir con un corazón esperanzado? Entonces deja que la Palabra de Dios moldee tu perspectiva. Porque cuando dejes que las Escrituras moldeen tu manera de pensar, empezarás a ver la vida a través de la lente de la fe. Y aunque pueda ser contrario a lo que el mundo dice que hay que pensar y sentir, la Palabra de Dios aplicada asentará tu espíritu a medida que crece tu confianza en él.

Empezarás a ver el lado positivo de las dificultades. Tu corazón descansará, sabiendo que Dios actúa a través de las decepciones. Y estarás en paz en medio del caos. Deja que el Señor sea tu consuelo para que puedas vivir cada día en victoria.

. . . .

*Dios, ayúdame a ver cada desafío y prueba desde una
perspectiva de fe. Abrázame más fuerte que todas las
presiones que trae el mundo. Hazme crecer a través
de la adversidad. En el nombre de Jesús. Amén.*

La maduración de los frutos

En cambio, el Espíritu de Dios nos hace amar a los demás, estar siempre alegres y vivir en paz con todos. Nos hace ser pacientes y amables, y tratar bien a los demás, tener confianza en Dios, ser humildes, y saber controlar nuestros malos deseos. No hay ley que esté en contra de todo esto.
GÁLATAS 5.22–23 TLA

Una vez que aceptamos a Jesús, el Espíritu comienza a cultivar estos «frutos» en nosotros. No están maduros y listos en ese momento de regeneración; más bien, su maduración se convierte en un hermoso proceso que puede tardar años en completarse.

La verdad es que el proceso del Espíritu que los hace crecer hasta la madurez es a menudo desafiante. Somos moldeadas a través de la adversidad. Somos transformadas a través de las luchas. Pero cuando reconocemos que cada dificultad es utilizada divinamente para hacernos más semejantes a Cristo, encontramos consuelo. Y eso es lo que nos permite tener días buenos, a pesar de los dolores del crecimiento.

Dios, gracias por amarme tanto que deseas que madure hasta convertirme en la mujer que tú quieres que sea. Ayúdame a ver cada desafío a través de la lente de la fe. En el nombre de Jesús. Amén.

Pidan

*Hasta ahora ustedes no han pedido nada en
mi nombre. Háganlo, y Dios les dará lo que
pidan; así serán completamente felices.*
JUAN 16.24 TLA

La Palabra anima a cada creyente a pedir a Dios las
cosas que necesitamos. Sí, él ya sabe lo que hay en
nuestros corazones; pero como cualquier padre amoroso, Dios quiere oírlo de nuestras bocas. Quiere tener
una relación con su hija amada. Así que se nos dice
que pidamos lo que queremos. Y no es una petición
de una vez por todas. En cambio, el versículo de hoy
es específico cuando dice que «sigamos pidiendo».

Recordemos que Dios es Dios y no un genio en
una botella. Nuestro deseo no es una orden suya. Y
aunque él claramente quiere que compartamos peti-
ciones auténticamente, debemos confiar en cómo y
cuándo el Señor responde. Puede que no obtengamos
exactamente lo que pedimos, pero obtendremos
exactamente lo que él sabe que es mejor para nosotros. ¡Nuestra alegría puede persistir cada día mientras
esperamos las respuestas perfectas de Dios!

• •

*Dios, ¡confío en tus respuestas! En
el nombre de Jesús. Amén.*

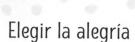

Elegir la alegría

Buen remedio es el corazón alegre,
pero el ánimo triste resta energías.
PROVERBIOS 17.22 DHH

Si tu objetivo es tener el mejor de los días, elige estar alegre en lugar de ser pesimista. No hará que desaparezcan todos tus problemas. No arreglará lo que está roto ni le quitará validez a tu dolor y sufrimiento. Pero las Escrituras dicen que tu salud será bendecida por tus esfuerzos.

Antes de poner los pies en el suelo, pídele a Dios que te ayude a ver el día con esperanza. Pídele paz en tu espíritu para que tu semblante esté tranquilo aunque tu vida sea un caos. Deja que él reponga tus fuerzas, y decídete a dejar una huella de amor en la vida de los demás. Con la ayuda de Dios, podrás elevarte por encima del estrés y la lucha. Encontrarás una confianza incomparable con cualquier cosa que el mundo te ofrezca. Y ninguna preocupación podrá anular tu respuesta de fe a todo lo que te depare el día.

Dios, dame el valor de elegir la alegría sobre la tristeza, incluso cuando no la siento. Haz que mi vida sea un modelo de fe para que otros lleguen a conocerte. En el nombre de Jesús. Amén.

Seguir su guía

Me mostrarás el camino de la vida.
Hay gran alegría en tu presencia;
hay dicha eterna junto a ti.
SALMOS 16.11 DHH

No hay vida como una vida entregada al Señor. En todos los sentidos, el mejor día por tu cuenta no tiene comparación con un día en la voluntad de Dios. Y las falsas ofertas del mundo solo te llevarán en la dirección opuesta. Lo que el mundo ofrece puede ser llamativo, divertido y halagador, pero al final, te dejará con las manos vacías y decepcionada.

Ya se trate de la familia, los amigos, las finanzas, la forma física, y todo lo demás, deja que el Padre ponga tus pies en su camino para tu vida. Ya sea que estés preocupada o celebrando, permanece en la presencia de Dios sin desviarte a izquierda ni a derecha. Tus mejores días llegarán cuando estés sosteniendo su mano y siguiendo su guía.

* *

Dios, perdóname por buscar la felicidad y la alegría en los lugares equivocados. Confieso que mi corazón no ha estado convencido de tu fidelidad. De hoy en adelante, mi único deseo es caminar por la senda que conduce a tu plan para mi vida. En el nombre de Jesús. Amén.

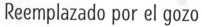

Reemplazado por el gozo

Será como una mujer que sufre dolores de parto, pero cuando nace su hijo, su angustia se transforma en alegría [...]. Así que ahora ustedes tienen tristeza, pero volveré a verlos; entonces se alegrarán.
JUAN 16.21-22 NTV

¡Qué alivio saber que cuando veamos a Jesús cara a cara ni siquiera recordaremos el dolor que hemos tenido que soportar! En el momento en que exhalamos nuestro último aliento dejamos con ello toda angustia. Esa verdad merece un gran aplauso, amiga. Porque lo más probable es que hayamos recorrido caminos muy difíciles en esta vida. Hemos sufrido mucho. Pero todo eso se va para ser reemplazado por un gozo incondicional.

Vive hoy con esa poderosa perspectiva. No importa lo que estés pasando, alaba a Dios porque serás redimida. Deja que el día de hoy sea glorioso, sabiendo que cualquier malestar es temporal. Hay una fecha final para toda miseria. Y las preocupaciones de la vida aquí se desvanecerán cuando veamos al Señor.

Dios, estoy agradecida por la oportunidad de dejar atrás cualquier recuerdo doloroso una vez que te vea. Todas las ofensas fuera. Todo dolor eliminado. ¡Y lo cambiaré todo por gozo! En el nombre de Jesús. Amén.

Un solo pensamiento

Porque el reino de Dios no es cuestión de comer o beber determinadas cosas, sino de vivir en justicia, paz y alegría por medio del Espíritu Santo. El que de esta manera sirve a Cristo, agrada a Dios y es aprobado por los hombres.
ROMANOS 14.17–18 DHH

¿Cómo puedes servir hoy a Dios con toda tu alma? Sin duda, requiere un enfoque firme, mantener los ojos en el Señor por encima de todo lo demás. En el trabajo, glorifícalo con tu integridad. Cuando dirijas a tus hijos a la escuela, los entrenamientos y los deberes, sé sus manos y sus pies. Cuando recibas malas noticias o tengas conversaciones difíciles, ora para que él te ayude a manejarlas con amor y compasión. Y cuando él te pida que intervengas en las circunstancias, hazlo con gracia y humildad.

Ser intencional en estas formas te permite agradar a Dios y revelar tu valor a los demás. No es para enorgullecerte, sino para afirmar tu fidelidad a su voluntad y sus caminos.

* *

Dios, ayuda a mi corazón a estar siempre enfocado en servirte a través de mis palabras y acciones. En el nombre de Jesús. Amén.

El mandamiento de amar

Este es mi mandamiento: ámense unos a otros de la misma manera en que yo los he amado. No hay un amor más grande que el dar la vida por los amigos.
JUAN 15.12–13 NTV

Cada día, esforcémonos por ser mujeres intencionales con nuestro amor. No es solo un mandamiento, es una forma poderosa de hacer saber a los demás que son importantes. Y vivir con compasión hacia los demás nos aleja de nosotras mismas. Nos mantiene mirando hacia afuera en lugar de ser hipersensibles a satisfacer nuestras propias necesidades.

¿De qué manera demuestras tu amor? ¿Eres rápida para escuchar cuando alguien necesita compartir su corazón? ¿Eres de las que hacen regalos, a menudo con cariño y detalles bien pensados? ¿Inviertes tu tiempo en la vida de los demás? ¿Eres generosa con tus recursos económicos? Cada día, entrena tus ojos para ver maneras de estar llena de compasión y cuidado. Sé una mujer que ama bien.

Dios, ayúdame a ir más despacio para que sea capaz de ver a los que necesitan amor. Hazme consciente. Abre mi corazón para ser generosa y amable de la manera adecuada, y en el momento adecuado, con aquellos a los que tú me llamas a amar. En el nombre de Jesús. Amén.

Alegría en la mañana

Pues su ira dura solo un instante,
¡pero su favor perdura toda una vida!
El llanto podrá durar toda la noche,
pero con la mañana llega la alegría.
SALMOS 30.5 NTV

La Escritura nos dice que cada mañana somos reabastecidas de combustible para el gozo. De alguna manera, sobrenaturalmente, Dios restaura un alma cansada, dándonos la hermosa oportunidad de tener un día maravilloso. No se trata de una alegría falsa para ocultar los verdaderos problemas a los que nos enfrentamos. No estamos siendo valientes y esperando que las cosas cambien. La verdad es que realmente puedes experimentar alegría en medio del caos.

Cuando actives tu fe y pongas tu confianza en el Señor, tendrás una perspectiva única de tus circunstancias. Experimentarás una paz que no tiene sentido para el mundo. Serás reconfortada *en medio* del caos y la calamidad. Y cada mañana, gracias a tu Padre amoroso, tendrás otra oportunidad para liberarte del dolor y abrazar el gozo, llevándolo a lo largo del día.

* *

Dios, quiero esta promesa para mí. Demasiado a menudo me levanto cansada. Ayúdame a aferrarme a esta promesa cada mañana y a elegir la alegría sobre el estrés y el miedo. En el nombre de Jesús. Amén.

Él es la piedra angular

*Te doy gracias, Señor, porque me has respondido
y porque eres mi salvador.
La piedra que los constructores despreciaron
se ha convertido en la piedra principal.
Esto lo ha hecho el Señor, y estamos maravillados.*
SALMOS 118.21–23 DHH

En arquitectura, la piedra angular se coloca en la parte principal de una estructura. Es la piedra clave del proyecto y está diseñada para mantener todo unido. Jesús es la piedra angular mencionada en los versículos de hoy. Y, al igual que una piedra angular en una construcción arquitectónica, nuestra piedra angular mantiene nuestra vida unida y asegura nuestra salvación.

Lleva contigo esta valiosa verdad todos los días. Cuando te sientas abrumada, recuerda que el Señor te mantendrá para que puedas estar a la altura de las circunstancias. Él es quien te dará fuerza y sabiduría. El papel de Jesús en tu vida es ser tu Salvador, no solo de tus pecados, sino también de tus circunstancias. No tienes que vivir en la derrota, amiga. Deja que el regalo de la salvación sea lo que aliente tu determinación aquí y ahora.

• •

Dios, ¡gracias por ser mi piedra angular! Tú eres quien tiene el poder de mantenerme cuando me siento débil y cansada. En el nombre de Jesús. Amén.

Puesto que Dios hizo el hoy

Este es el día que hizo el Señor;
nos gozaremos y alegraremos en él.
SALMOS 118.24 NTV

Dios ha hecho el día de hoy, así que podemos estar contentos. El hecho de que él haya considerado oportuno hacer posibles estas próximas veinticuatro horas es motivo de celebración. Si las Escrituras apoyan esta verdad, entonces es algo que debemos abrazar.

Tal vez estés pasando una semana difícil. Puede haber razones lícitas para tu aflicción. Tal vez te enfrentas a una situación que te roba la alegría y te tiene en el pozo de la desesperación. Como seres imperfectos en un mundo imperfecto y caído, definitivamente tenemos batallas difíciles de enfrentar cada día. Pero, según el pasaje anterior, todavía podemos celebrar y ser felices porque este es el día que Dios ha hecho. Y honestamente, él es el único que puede crear un corazón agradecido en nosotros, incluso cuando estamos luchando. Así que pídeselo. Elige ver la bondad de Dios en lo que trae el día de hoy.

* *

Dios, quiero ser una bendición para los demás.
Lléname de alegría y entusiasmo para que
pueda abrazar el día de hoy con el corazón
correcto. Gracias por todo lo que has planeado
para mí. En el nombre de Jesús. Amén.

Ver la mano de Dios

*Ustedes, aunque nunca han visto a Jesucristo,
lo aman y creen en él, y tienen una alegría tan grande
y hermosa que no puede describirse con palabras.*
1 PEDRO 1.8 TLA

Vivimos en un mundo en el que ver es creer. Desde pequeños, nos han condicionado a no confiar en lo que no podemos ver con nuestros propios ojos. Pero no ocurre lo mismo con nuestra fe. La fe es creer en algo que no podemos ver. La verdad es, sin embargo, que, como creyentes, *podemos* ver las huellas de Dios en toda nuestra vida. Y eso tiene una poderosa manera de profundizar nuestro amor por nuestro Padre celestial.

Piensa en ello. ¿Dónde has visto a Dios moverse en tu vida? ¿A quién ha sanado? ¿Dónde ha provisto? ¿Cómo te ha salvado Dios a ti o a alguien a quien amas? ¿Qué ha sido restaurado? ¿Qué puertas se han abierto o cerrado milagrosamente? Cuando empieces a buscar la mano de Dios moviéndose en tus circunstancias, experimentarás un gozo que nada podrá igualar.

· ·

*Dios, voy a empezar a buscarte en mis circunstancias.
Dame los ojos para ver tu amor desplegado en mi
vida cada día. En el nombre de Jesús. Amén.*

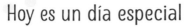

Hoy es un día especial

Vayan y festejen con un banquete de deliciosos alimentos y bebidas dulces, y regalen porciones de comida a los que no tienen nada preparado. Este es un día sagrado delante de nuestro Señor. ¡No se desalienten ni entristezcan, porque el gozo del Señor es su fuerza!

NEHEMÍAS 8.10 NTV

Esdras instruía a los israelitas para que reconocieran ese día como especial. Su orden llegó durante la época en que se estaban restaurando la muralla, el templo y la comunidad de Jerusalén. Esdras pedía a sus compatriotas que conmemoraran el momento.

Del mismo modo, también podemos separar ciertos días que nos importan, encontrando formas de celebrarlos y conmemorarlos. Puede ayudarnos a procesar el dolor o a celebrar una victoria. Puede ser un recordatorio de un momento importante en la historia de tu familia o servir para honrar una gran decisión. En cualquier caso, elige reconocer intencionadamente los días especiales y el significado que hay detrás de ellos. Dios los hizo notables y especiales por una razón.

• •

Dios, ayúdame a reconocer los días que debo hacer especiales, y permíteme honrar la parte que tú hiciste para que lo sean. En el nombre de Jesús. Amén.

Dios te llena

*Me has dado más alegría que los que tienen
cosechas abundantes de grano y de vino nuevo.*
SALMOS 4.7 NTV

La lección de oro del versículo de hoy es que Dios es quien nos llena de alegría. Es a través de la fe en él como somos capaces de recibir las cosas buenas que tiene reservadas para aquellos que le aman. Estamos terriblemente limitadas por nuestra humanidad, por lo que debemos confiar en Dios para compensar la diferencia. Donde nos quedamos cortas, él llena los vacíos. Donde flaqueamos, el Señor nos fortalece.

Por eso dependemos de él cada día. También por eso somos capaces de vivir con alegría y deleite, a pesar de nuestras luchas. Amiga, si te encuentras viviendo una vida vacía de estas cosas, apresúrate a pedirle ayuda a Dios. Abre tu corazón y dile lo que necesitas. No te pierdas las maravillosas bendiciones que vienen de una relación de confianza con el Señor.

. . . .

*Dios, lléname de una alegría sin igual para que
pueda hacer brillar tu bondad en cada día con
pasión y propósito. En el nombre de Jesús. Amén.*

Hacer lo correcto

Las esperanzas del justo traen felicidad,
pero las expectativas de los perversos
no resultan en nada.
PROVERBIOS 10.28 NTV

No siempre es fácil hacer lo correcto, porque a menudo la decisión correcta es la más difícil de tomar. Es difícil ser la única voz que defiende la verdad. Es difícil defender a quienes no pueden hacerlo por sí mismos. Es difícil decidir tomar un camino diferente cuando tus seres queridos no te siguen. Pero cada vez que sigues la dirección de Dios, él está encantado. No le pasa desapercibido.

¿Con qué decisiones estás lidiando ahora mismo? ¿Tienen que ver con tus relaciones? ¿Tienen que ver con tus finanzas o tu carrera profesional? ¿Son decisiones sobre tu salud? No te equivoques: en este momento te enfrentas a una decisión correcta o incorrecta. Haz que hoy sea un buen día haciendo lo correcto, lo que Dios te está aclarando a través de la oración reflexiva y persistente.

* * *

Dios, imprime en mi corazón tu plan en las decisiones que estoy tomando. Quiero conocer tu deseo para mi vida. Quiero estar en tu voluntad cada día. En el nombre de Jesús. Amén.

¿De quién es esta batalla?

No tengan miedo. Manténganse firmes y fíjense en lo que el Señor va a hacer hoy para salvarlos, porque nunca más volverán a ver a los egipcios que hoy ven. Ustedes no se preocupen, que el Señor va a pelear por ustedes.
Éxodo 14.13–14 DHH

A veces el mejor plan es mantener la boca cerrada. ¿Amén? Muchas de nosotras nos apresuramos a responder cuando sentimos la presión de ambas partes. En nuestro miedo, tratamos de controlar la situación nosotros mismos. Intentamos controlar a todos los que nos rodean. Y mientras hay veces que Dios nos llama al campo de batalla, hay otras veces que necesitamos dar un paso atrás y dejar que él luche en su lugar. Los días malos ocurren cuando no sabemos qué opción es la correcta.

Así que, amiga, ora cuando surjan situaciones difíciles. Antes de responder, ora. Tómate un respiro. Tal vez incluso aléjate. No queremos estorbar cuando la batalla es de Dios. Y no queremos causar angustia o daño al adelantarnos.

* *

Querido Dios, dame la sabiduría y el discernimiento para saber de quién es la batalla. En el nombre de Jesús. Amén.

Momentos de rescate

*Gritaré de alegría y cantaré
tus alabanzas, porque me redimiste.*

SALMOS 71.23 NTV

¿Puedes pensar en ocasiones en las que Dios te rescató? Tal vez fue de una relación tóxica y malsana. Tal vez fue la restauración de un matrimonio al borde del divorcio. Tal vez fue el trabajo adecuado en el momento adecuado. Tal vez fue una descarga divina de palabras perfectas en medio de una conversación difícil. O tal vez fue una puerta de oportunidad que se cerró y la revelación de lo que Dios te salvó vino después.

El salmista se sintió tan bendecido por su rescate que prorrumpió en gritos y alabanzas. Allí mismo, en medio de su jornada, su alegría brotó al reconocer la intervención del Señor. ¿No crees que hay algo hermoso en un corazón agradecido? ¿Es agradecido tu corazón? Hoy, medita en esos momentos de rescate y celébralos en la presencia de Dios.

. . . .

Dios, confieso las veces que he fallado en alabarte con gratitud. Ahora puedo ver claramente las veces que me has rescatado, y quiero agradecerte por ser mi Salvador. ¡Eres un Padre bueno! En el nombre de Jesús. Amén.

La bendición de estar cubierta

Pero que vivan alegres todos los que en ti confían;
¡que siempre canten de alegría bajo tu protección!
¡Que sean felices todos los que te aman!
SALMOS 5.11 TLA

¿Puedes pensar en alguna ocasión en la que hayas deseado esconderte en el Señor? A veces podemos encontrarnos atrapadas en circunstancias difíciles, anhelando ser cubiertas por la presencia de Dios. Queremos sentirnos protegidas y arropadas. Es en esos momentos cuando encontramos consuelo. Como creyentes, Dios está listo y dispuesto a cubrirnos cuando nos aferramos a él.

Hay algo hermoso que nace en nosotras cuando sentimos el amor de Dios. Hace que broten alabanzas desde lo más profundo de nuestro ser, aunque se manifiesten como lágrimas y susurros de gratitud en el exterior. Nos permite respirar, inhalando su bondad y exhalando nuestras cargas. Y al final, nos llenamos de alegría para afrontar cada día.

* *

Dios, anhelo ser cubierta por tu presencia,
especialmente cuando me siento expuesta.
Y me entusiasma que el gozo venga
después. En el nombre de Jesús. Amén.

El cielo te celebró

De la misma manera, los ángeles de Dios hacen
fiesta cuando alguien se vuelve a Dios.
Lucas 15.10 TLA

¿Has considerado alguna vez que el día que aceptaste a Jesús como tu Salvador, el cielo se regocijó? Piensa en cuántos millones de personas hay hoy en la tierra. Pensar que incluso un alma arrepentida atrae la atención de las tropas celestiales pinta un cuadro poderoso de tu valor, ¿no es así?

Muchas personas caminamos todos los días sintiéndonos inútiles. Nos sentimos desapercibidas o poco queridas. Es una verdad dolorosa que a menudo nos une como mujeres. Tal vez Dios incluyó el pasaje de hoy en la Biblia específicamente para reforzar nuestra confianza. Saber que nuestro momento de conversión se tuvo en cuenta y se celebró en el cielo, valida hasta el alma más insegura. Así que, cada vez que te sientas insignificante, recuerda que todo el cielo sabe quién eres.

* *

Dios, saber que te importo tanto es una verdad
atesorada que llevaré conmigo todos los días.
Gracias por acercarte a mí y asegurar mi
salvación. Te amo. En el nombre de Jesús. Amén.

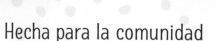

Hecha para la comunidad

*Bendigan a quienes los persiguen. Bendíganlos y no
los maldigan. Alégrense con los que están alegres
y lloren con los que lloran. Vivan en armonía unos
con otros. No sean orgullosos, sino pónganse al
nivel de los humildes. No presuman de sabios.*
ROMANOS 12.14–16 DHH

Estás hecha para la comunidad. A veces nuestra comunidad es fácil de amar, y a veces no. Puede incluir tanto a tus amigos como a tu familia, e incluso a quienes consideras enemigos. La verdad es que Dios quiere que nos llevemos bien los unos con los otros.

Busca cada día oportunidades para bendecir a los que te rodean. Sé amable y generosa con tu tiempo, tus talentos y tus bienes. Y recuerda siempre que tienes el poder de hacer brillar el día de alguien. Así que, tanto si la tarea es fácil como si precisas la ayuda de Dios para reunir la gracia necesaria, sé el tipo de mujer que hace brillar el amor de Jesús en las vidas de los demás.

*Dios, dame un corazón que vea lo bueno en los
que me rodean. Aunque sean difíciles de amar,
ablanda mi corazón para que sea capaz. Gracias
por el don de la comunidad, aunque a veces
sea difícil. En el nombre de Jesús. Amén.*

Céntrate en Jesús

Esto lo hacemos al fijar la mirada en Jesús,
el campeón que inicia y perfecciona nuestra
fe. Debido al gozo que le esperaba, Jesús
soportó la cruz, sin importarle la vergüenza
que esta representaba. Ahora está sentado en
el lugar de honor, junto al trono de Dios.
HEBREOS 12.2 NTV

Cada día, nos enfrentamos a innumerables distracciones que amenazan con apartar nuestra mirada de Jesús. A veces dejamos que el temor se interponga en nuestro camino, y nos hundimos en nuestras preocupaciones. Dejamos que las ocupaciones se adueñen de nuestras prioridades, y ponemos otras tareas por encima del Señor. Quedamos atrapadas en lo que el mundo considera importante y no tomamos en cuenta el plan de Dios para nuestro día.

¡Qué maravilloso recordatorio para que nos centremos en Jesús! Somos totalmente capaces de estar en comunión con él durante todo el día. Y si tu deseo es tener tu mejor día, eso solo sucederá cuando incluyas al Señor. Pídele que te guíe. Agradécele el regalo de la cruz. Y deja que su grandeza te llene de alegría.

* *

Dios, te invito a formar parte de mi día a
día. Me entusiasma tu compañía constante.
En el nombre de Jesús. Amén.

Una buena vida

*Con razón mi corazón está contento y yo
me alegro; mi cuerpo descansa seguro.*
SALMOS 16.9 NTV

¿Puedes decir que tienes una buena vida? Como creyentes, esto es algo que *todas* podemos decir sin falta. No significa que no hayas tenido dificultades y problemas. No significa que tu vida haya sido maravillosa. Y no significa que te hayas librado de la angustia. Lo más probable es que hayas experimentado tragedias, penas y dolores de una intensidad que jamás hubieras imaginado. Pero nada de eso te descalifica para una buena vida cuando tu fe está en Dios.

Así que no te permitas vivir cada día con mentalidad de víctima. No vivas ofendido. Y deja de rumiar todas las cosas terribles a las que te has enfrentado. La verdad es que a todos nos ha golpeado la vida en las tripas alguna que otra vez. En lugar de eso, ten un corazón alegre y un alma gozosa. Descansa en la paz de Dios. Y sabe que cuando lo hagas, ¡tu vida será buena!

· · · · · · · · · · · · · · · · · ·

*Dios, gracias por cambiar mi perspectiva hoy.
Contigo, mi vida es buena.
En el nombre de Jesús. Amén.*

La asombrosa grandeza de Dios

Los dioses de otros pueblos no son nada, pero el Señor
hizo los cielos. ¡Hay gran esplendor en su presencia!
¡Hay poder y alegría en su santuario!
1 CRÓNICAS 16.26–27 DHH

Nunca subestimemos la soberanía y la grandeza de Dios. Recordemos que él es todopoderoso, omnipotente y omnisciente. El Señor es el Creador de los cielos y de la tierra, y él hizo todo lo que hay en ellos. Antes de que respiraras por primera vez, Dios contó tus días y determinó el camino de tu vida. Y él tiene pleno conocimiento y control sobre los acontecimientos del mundo.

¿Qué significa esto para ti? Significa que puedes vivir con confianza. El miedo, las inseguridades y el esfuerzo no son los que mandan. Tu fe te dirigirá a seguir la guía de Dios, descansando bajo su amor y gracia. Así que, cuando la vida te parezca demasiado grande y tú te sientas demasiado pequeña, ora. Deja que el esplendor y la majestad, la fuerza y el gozo del Señor sean las razones de tu esperanza.

* *

Dios, ¡estoy asombrada ante ti! Perdóname
por las veces que no comprendí la altura,
profundidad y anchura de tu magnificencia.
Ayúdame a vivir cada día con una confianza
fiel. En el nombre de Jesús. Amén.

Hacer de tu vida una oración

Estén siempre contentos. Oren en todo momento.
Den gracias a Dios en cualquier
circunstancia. Esto es lo que Dios espera
de ustedes, como cristianos que son.
1 Tesalonicenses 5.16–18 tla

Cuando la Palabra te dice que hagas de tu vida una oración, significa ser intencional para vivir en comunión con Dios. Es decidir hacer de él una parte integral de tu día, de tu semana... de tu vida. Es elegir involucrarlo en las cosas que te importan. Es asegurarte de que tu vida refleja tu fe en todo lo que dices y haces. ¡Qué hermosa ofrenda a Dios!

Hoy, piensa en las formas en que tu vida puede ser una oración. ¿Cómo puedes bendecir al Señor a través de ella? ¿Cómo puede esta postura ser un estímulo para amigos y familiares? ¿Qué cosas buenas recibirás viviendo así cada día?

· ·

Dios, sé que tu plan perfecto para mi vida es
estar en relación contigo porque al hacerlo no
solo me bendices, sino que también seré una
bendición. Muéstrame cómo hacer de mi vida
una oración. En el nombre de Jesús. Amén.

Digno

*Pues el SEÑOR tu Dios vive en medio de ti. Él es
un poderoso salvador. Se deleitará en ti con
alegría. Con su amor calmará todos tus temores.
Se gozará por ti con cantos de alegría.*
SOFONÍAS 3.17 NTV

Este es uno de esos versículos que llegan a lo más
profundo del alma. Es el versículo al que recurres
cuando te sientes rechazada o abandonada por la
gente que te rodea. Es el pasaje que te dice que
eres digna de ser rescatada, digna de ser celebrada.
Cuando no te sientes amada, este es el pesado recordatorio que necesitas. Tómate un minuto y léelo
de nuevo, amiga.

Tú eres *muy* importante. Se te ama y valora
mucho. Y puedes elegir mantenerte fuerte en este
versículo cada día, pase lo que pase. Nada ni nadie
puede arrebatarte esta verdad. Así que, si estás buscando maneras de vivir tu mejor vida, deja que esta
declaración sea la base.

. . . .

*Dios, qué bendición tener tu Palabra para hablar
a mi alma cansada. Ayúdame a encontrar
mi valor en sus páginas en lugar de buscar la
validación en el mundo. Sé que el mundo es un
pozo vacío. En el nombre de Jesús. Amén.*

Dios lo aprueba

*Así que, ¡adelante! Come tus alimentos
con alegría y bebe tu vino con un corazón
contento, ¡porque Dios lo aprueba!*
ECLESIASTÉS 9.7 NTV

Dios no quiere que vivas tu vida preocupada por lo que él piensa de ti. Él no quiere que estés estresada, preguntándote si él está complacido contigo. Porque eres su hija, Dios te ve a través de la sangre de Jesús. Tus pecados han sido lavados —pasados, presentes y futuros— y estás blanca como la nieve.

Recuerda que la meta de una vida piadosa no es ser perfecta. En nuestra humanidad, es completamente inalcanzable. En cambio, la meta es elegir vivir con propósito. Es tener pasión por el Señor demostrada a través de tu vida. Pero debes saber que si practicas tu fe todos los días, Dios estará encantado. Cuando pasas tiempo en oración, él sonríe. Y cada vez que abres la Palabra, llenas su corazón de gozo.

* * *

Dios, ayúdame a recordar que tu amor no es condicional ni se basa en el rendimiento. El mundo me ha condicionado a pensar lo contrario, pero tú no eres así. Te agradezco que me veas a través de la sangre de Jesús. En su nombre. Amén.

Nunca sola

Cuando vengan tiempos difíciles,
tú me darás protección:
me esconderás en tu templo,
que es el lugar más seguro.
SALMOS 27.5 TLA

Incluso en los peores días, Dios está ahí para ti. Él está contigo. La Escritura dice que él te cobijará y te cubrirá. Dios te levantará para que estés fuera del alcance de los que quieren hacerte daño. Como creyente, nunca estás sola para resolver las cosas por ti misma. ¡Qué alivio!

Así que, cuando llegue el día de los problemas, no temas. No dejes que la preocupación se apodere de ti. No hay necesidad de sentirse indefensa. Siempre estás en las manos de Dios. Y ese es el mejor lugar para estar. Así que, amiga, ese día, levántate victoriosa. Puede que no haga que el dolor y las dificultades desaparezcan, pero tranquilizará tu corazón mientras te sientes rodeada de la poderosa presencia del Señor.

Dios, gracias por no dejarme nunca a mi propia
suerte. En los momentos buenos o en los más
difíciles, sé que tú estarás ahí para ayudarme.
Nunca estoy sola. En el nombre de Jesús. Amén.

Cuando no les gustas

Tú me darás la victoria sobre mis enemigos;
yo, por mi parte, cantaré himnos en tu honor,
y ofreceré en tu templo sacrificios de gratitud.
SALMOS 27.6 NTV

Aunque seas la mujer más amable del planeta, habrá gente a la que no le caigas bien. No importa lo generosa que seas con tu tiempo, con tu talento o con tu valor, alguien te considerará irritante. Porque cuando te mantienes en la verdad y hablas de tu fe, eso resultará ofensivo para algunos.

No dejes que te arruine el día. Eso puede ser fácil de decir, pero Dios está listo para calmar tu espíritu en ese momento. Ve directamente a la oración y pídele que sustituya tu angustia por gozo. Alábale por adelantado, creyendo que cumplirá su promesa de protegerte. Deja que Dios te inunde con su amor para que tu estado de ánimo se mantenga afable y alegre.

• •

Dios, no quiero que las personas que me odian
tengan poder sobre mi día o apaguen mi espíritu.
Levántame por encima de ellos para que mi espíritu
se eleve contigo. En el nombre de Jesús. Amén.

Pensamientos desbocados

En medio de mis angustias
y grandes preocupaciones,
tú me diste consuelo y alegría.
SALMOS 94.19 TLA

Todas conocemos el sentimiento abrumador que inunda nuestro corazón cuando los pensamientos se desbocan. Si no los controlamos, entran las mentiras. Estas falsedades causan estragos, profunda preocupación y ansiedad. Nos estresamos. Y antes de que nos demos cuenta, nos entra el pánico. Nuestro estado de ánimo está por los suelos; nuestra productividad, por los suelos; y nuestro día, arruinado.

Dios nos invita a acudir a él en esos momentos de confusión. Él comprende la complejidad de nuestras emociones y cómo se han visto afectadas por los pensamientos agitados. Y cuando lo hagamos, nuestros corazones ansiosos encontrarán consuelo. Las Escrituras dicen que nos invadirá un sentimiento de gozo. Así que, amiga, deja que sea Dios quien te ayude a encarrilar tu día.

• •

Señor, ayúdame a centrar mis pensamientos en tu
bondad y no en las cosas mundanas que causan temor
y afán. Y si me enredan, recuérdame que tú eres
el gran desenredador. No quiero que nada arruine
este glorioso día. En el nombre de Jesús. Amén.

Un hábito glorioso

Mi amigo, te aconsejo que pongas en manos de Dios
todo lo que te preocupa; ¡él te dará su apoyo!
¡Dios nunca deja fracasar a los que lo obedecen!
¡Por eso siempre confío en él!
SALMOS 55.22 TLA

Cuando dejes las cargas que llevas y las pongas a los pies del Señor, sentirás cómo se disipa su peso. Dios se ha ofrecido a quitártelas en cualquier momento, dejándote libre y sin obstáculos. ¿Por qué no dejar que él se encargue de todo?

Cuando recuestes tu cabeza para dormir, cuéntale al Señor cada preocupación y pensamiento ansioso. Desde las grandes cargas hasta las pequeñas molestias, entrégaselas todas a él. Y por la mañana, observa cómo te levantas más ligera. Estás preparada para un día maravilloso alimentado por la gracia y la fuerza de Dios. Amiga, deja que esto se convierta en tu glorioso hábito de fe.

. . . .

Dios, ayúdame a dejar mis preocupaciones y
ansiedades contigo cada noche para que mis
mañanas estén llenas de gozo y paz. Permíteme
confiar en que tú estás poniendo todas las cosas
a mi favor para que ya no me sienta agobiada
tratando de resolver todo por mi cuenta. Gracias
por cuidar de mí. En el nombre de Jesús. Amén.

Tu plan de batalla

Por eso me armo de valor,
y me digo a mí mismo:
«Pon tu confianza en Dios.
¡Sí, pon tu confianza en él!».
SALMOS 27.14 TLA

Que este versículo sea tu plan de batalla cuando las cosas empiecen a torcerse. Comprende que los problemas se cruzarán en tu camino. Todos los días hay una buena probabilidad de que algo amenace tu paz. Pero, como dice el salmista en el versículo de hoy, no te rindas. No te impacientes mientras esperas la intervención de Dios. En lugar de eso, envuélvete en el Señor.

¿Por qué? Porque al hacerlo construyes confianza en que él será el héroe de tu historia. Te anima a mantenerte fuerte en todo tipo de pruebas. Y te hace recordar todas las veces que Dios te ha ayudado. La vida está llena de decepciones, pero Dios nunca será una de ellas.

. . . .

Dios, ayúdame a confiar en ti mientras espero que tu mano se mueva. Hazme audaz. Dame valor. Lléname de esperanza sin fin. Por ti puedo tener un buen día hoy y todos los días. En el nombre de Jesús. Amén.

El camino del dolor

Dime si mi conducta no te agrada,
y enséñame a vivir
como quieres que yo viva.
SALMOS 139.24 TLA

Hay veces en que nos quedamos demasiado tiempo sentadas en nuestro dolor. Cuando lo hacemos, puede interrumpir nuestro día, estropear nuestra semana y, si lo dejamos, puede destruir nuestra vida. La verdad es que el dolor y la pena merecen su tiempo. Dios nos creó con una gama completa de emociones, y son nuestras para sentirlas. Pero si caminamos por un sendero de dolor sin Dios, es posible que nunca cambiemos de dirección.

Deja que el Señor, en el momento oportuno, te conduzca de nuevo al camino trazado para tu vida. Necesitamos su intervención para mantener el rumbo sin mirar a la izquierda ni a la derecha. El Señor es el gran enderezador del camino, así que síguelo. Él es quien te garantiza un buen día manteniéndote caminando en la dirección correcta.

• •

Dios, ven pronto para guiarme de vuelta a tu
camino glorioso y eterno, para que esté cerca
de ti y no atascada tratando de alimentar
mi dolor. En el nombre de Jesús. Amén.

Temporada decisiva

Dame tu ayuda y tu apoyo;
enséñame a ser obediente,
y así volveré a ser feliz.
SALMOS 51.12 TLA

¿Has perdido la pasión por la vida? ¿Cada día se ha vuelto aburrido y sin gozo? Sinceramente, tiene sentido. La vida es dura y agotadora. Leemos malas noticias en los titulares y vemos historias tristes en las noticias. Luchamos con nuestras finanzas, nuestra salud y nuestras relaciones. Y, a menudo, la rutina diaria nos desgasta y nos sentimos destrozados.

Pero amiga, deja que hoy sea el comienzo de una temporada de avances. Elige contarle a Dios todas las cosas que sobrecargan tu corazón en este momento. Él puede saber cada detalle, pero tu obediencia para confesar inicia el proceso de sanación. Te espera el gozo en el otro lado. Deja que Dios te abrace mientras restaura tu pasión cada día.

. . . .

Dios, por favor, sé misericordioso y restaura mi
alegría de vivir. Hazme dar un paso adelante
divino para que pueda abrazar el plan que tú has
determinado para mi vida con pasión y propósito
cada día. En el nombre de Jesús. Amén.

Oraciones atrevidas

Dios mío,
mira en el fondo de mi corazón,
y pon a prueba mis pensamientos.
SALMOS 139.23 TLA

Esta es una oración muy atrevida. Es una oración dicha por alguien dispuesto a madurar en su fe. Quiere que todo lo oculto sea revelado. El deseo es que Dios escarbe profundamente en su corazón para revelar y sanar lo que está roto. El salmista quiere que se exponga todo lo que amenaza con entorpecer su relación. Y amiga, esta debería ser también nuestra oración.

Si queremos que crezca nuestra fe, debemos estar dispuestas a invitar a Dios a este nivel de examen. Él tiene un historial perfecto en nuestras vidas, que nos recuerda que podemos confiar en él para que maneje todo con cuidado. Dios no será imprudente con nuestros corazones. Y este acto de entrega iluminará nuestros corazones y alegrará nuestros días.

. . . .

Dios, te invito a examinar mi corazón a fondo.
Encuéntrame y libérame de cualquier preocupación
ansiosa que me impida vivir en la libertad que
Jesús nos trajo. En el nombre de Jesús. Amén.

Gratitud por el Creador

Soy una creación maravillosa, y por eso te doy gracias.
Todo lo que haces es maravilloso,
¡de eso estoy bien seguro!
SALMOS 139.14 TLA

Como mujeres, nos cuesta imaginarnos con la suficiente confianza en nosotras mismas como para sentirnos satisfechas. No se trata de orgullo, sino de aceptar la complejidad de lo que somos desde una perspectiva positiva. A menudo somos muy rápidas para reducirnos o descalificarnos ante los cumplidos. Pero ¿has pensado alguna vez cómo le hace sentir eso a Dios? Si somos su creación y estamos constantemente cuestionando cómo estamos hechas, ¿cómo le honra eso a él?

Empieza cada día con un corazón agradecido a Dios Creador. Dale gracias por lo que te hizo ser, aunque te sientas insegura por ello. Reconoce su ojo para los detalles y su minuciosa consideración. Celebra su diseño tan meticuloso y contemplativo. Y observa cómo cambia el modo en que te sientes contigo misma.

Dios, perdóname por despreciar tu creación.
Y ayúdame a ser más agradecida, sabiendo
lo bien que me conoces, porque tú me
hiciste. En el nombre de Jesús. Amén.

¿Dónde tienes los ojos?

¡Ríndanse! ¡Reconozcan que yo soy Dios!
¡Yo estoy por encima de las naciones!
¡Yo estoy por encima de toda la tierra!
SALMOS 46.10 DHH

¡Qué oportuno recordatorio! En un mundo que parece haberse vuelto loco, con todo el mundo peleándose por la raza, la religión, la política y todo lo demás, deja que este versículo guíe tu próximo paso. Y considera que puede ser moviéndote en una nueva dirección, una con tus ojos puestos directamente solo en Dios. Cuando estés desestabilizada, Dios es quien asienta tu espíritu.

Incluso con tanta locura, puedes atravesar cada día con una poderosa paz. El humor de tu día no depende del humor de la nación. Puedes encontrar gozo en las temporadas más duras. De hecho, Dios puede estar pidiéndote que ilumines con una luz de esperanza a los que te rodean en este momento. Y eso es algo que solo puedes hacer cuando tus ojos están puestos en Dios por encima de todo.

* *

Dios, ayúdame a fijar mi mirada en tu rostro cuando la vida me angustie. Aférrame a ti para que el caos del mundo no rompa la paz de mi corazón. En el nombre de Jesús. Amén.

Refugio

*Los que viven al amparo del Altísimo
encontrarán descanso a la
sombra del Todopoderoso.*
SALMOS 91.1 NTV

¿Dónde buscas refugio? ¿En tu marido? ¿En tus padres? ¿En terapia de compras o en una caja de galletas? ¿Escondiéndote en la cama, dándote un atracón de tu serie favorita de Netflix? ¿Escapando a través de tu juego favorito en el teléfono o de una novela de fantasía que te transporta a otro universo? O tal vez consumiendo las cosas equivocadas en exceso. La verdad es que todos tenemos algo que consideramos nuestra solución. Y, como muchos han descubierto, cualquier consuelo es efímero y vacío.

Cada día puedes caminar en victoria dejando que Dios sea tu refugio. En su refugio, encontrarás un lugar de descanso. Su sombra bloqueará los planes del enemigo para hacerte daño. La presencia de Dios es el lugar más seguro para que liberes tus emociones y dejes que tu corazón sane. Así que acude primero al Señor. No hay mejor lugar para estar.

. . . .

*Dios, no hay sustituto para el refugio que
tú proporcionas a los que te aman. Y yo te
amo. En el nombre de Jesús. Amén.*

Sigue creando

*Crea en mí, oh Dios, un corazón limpio
y renueva un espíritu fiel dentro de mí.*
SALMOS 51.10 NTV

Cuando el autor clama a Dios, sabe que está pidiendo un proceso continuo. El sentido original habla de seguir creando un corazón limpio. Es una obra continua, diaria, que requiere una vigilancia y una reparación constantes de la mano del Padre. Y es un acto de amor que Dios esté dispuesto a cuidarnos de esa manera.

«Sigue creando»: que esta sea tu petición a Dios cada día. Es brillante pedirle que nos llene de pensamientos puros y deseos sagrados, porque nuestras mentes son un campo de batalla todos los días. Y honestamente, no nos cuesta mucho liberar nuestros pensamientos para que sigan su propia dirección. Es nuestro corazón el que los impulsa. Así que pedirle a Dios que mantenga limpio tu corazón ayuda a asegurar que tus pensamientos sigan su ejemplo. Pídele a Dios que te purifique y renueve cada mañana. ¡Qué mejor manera de empezar el día!

. . . .

*Dios, mantén mi mente y mis pensamientos
por encima del reproche, purificándolos activa
y continuamente. Permíteme pensar en cosas
nobles y piadosas, cosas que glorifiquen tu
santidad. En el nombre de Jesús. Amén.*

Regalos venideros

*Deléitate en el SEÑOR,
y él te concederá los deseos de tu corazón.*
SALMOS 37.4 NTV

No malinterpretes el texto de hoy. Cuando la Biblia nos dice que obtendremos los deseos de nuestro corazón, se asume que nuestros deseos están alineados con los deseos de Dios para nosotros. Todos los días deberíamos profundizar en nuestra fe escarbando en la Palabra para aprender más sobre nuestro Padre. Debemos orar, buscando su voluntad para nuestras vidas. Y deberíamos centrarnos en glorificarle con nuestras palabras y acciones.

Una vez que esto ocurra, los dones que Dios *nos dará* deleitarán nuestros corazones porque deleitan el suyo. Puede que no tengamos una casa más grande, pero tendremos un corazón más grande lleno de compasión. Puede que no tengamos fama, pero difundiremos el nombre de Dios cerca y lejos. Puede que no tengamos una vida fácil, pero tendremos un testimonio lleno de la bondad de Dios para compartir. Estos son regalos invaluables para cualquier creyente. Y, con fe, están al caer.

. . . .

Dios, que los deseos de mi corazón se alineen con los tuyos. Que mi deseo sea complacerte, no acumular tesoros aquí. En el nombre de Jesús. Amén.

Luchas para confiar

El que vive bajo la sombra protectora
del Altísimo y Todopoderoso, dice al Señor: «Tú eres
mi refugio, mi castillo, ¡mi Dios, en quien confío!».
SALMOS 91.1–2 DHH

La confianza es delicada. Para muchos es un obstáculo en nuestras relaciones. No es que no queramos confiar en nuestros seres queridos, es que tenemos miedo de que nos vuelvan a hacer daño. Tenemos miedo de que nos defrauden una vez más. Parece como si nuestro corazón no pudiera soportar ni un gramo más de dolor provocado por la traición, el rechazo o el abandono. A veces, esa es exactamente la razón por la que nos cuesta confiar en Dios.

Que el día de hoy marque un cambio en tu mentalidad. Si hay alguien en quien confiar, es en el Señor. Mirando atrás en tu vida, verías la fidelidad inquebrantable de Dios en cada una de tus circunstancias. Encontrarías su confiabilidad en cada lucha. Hay una gran libertad en dejar que Dios sea tu refugio y tu lugar seguro. Y cuando parezca imposible, pídele que te dé confianza y valor para confiar en él una vez más.

* *

Dios, te necesito, pero tengo miedo a confiar de
nuevo. Llena mi corazón con tu amor para que
pueda hacerlo. En el nombre de Jesús. Amén.

¿Qué es lo que más te apetece?

Dios mío, solo una cosa te pido, solo una cosa
deseo: déjame vivir en tu templo todos
los días de mi vida, para contemplar tu
hermosura y buscarte en oración.
SALMOS 27.4 TLA

¿Qué cosas te gustan? ¿Qué anhelas del mundo? ¿Tal vez relaciones satisfactorias y amigos fieles? ¿Buena salud y dinero suficiente para pagar las facturas? ¿Viajar por el mundo y conocer lugares nuevos? Otros quieren fama y fortuna y todo lo demás. Coleccionan tesoros terrenales y juguetes, así como las mejores cosas de la vida. Pero a menos que anhelemos la presencia de Dios y la eternidad en el cielo *más* que cualquier otra cosa, tenemos que revisar nuestras prioridades.

Dios creó este mundo para que lo disfrutemos. Pero no debe tener nunca más de nuestro corazón que el cielo. Haz hoy un inventario de esto. Deja que Dios te abra ojos a la verdad, y haz los cambios que sean necesarios.

. . . .

Dios, muéstrame dónde está mi corazón al respecto.
Quiero que mi tiempo contigo en la eternidad sea
mi mayor anhelo. En el nombre de Jesús. Amén.

Ceder el control

Entrega al Señor todo lo que haces;
confía en él, y él te ayudará.
SALMOS 37.5 NTV

Es difícil dejar que otra persona determine nuestro camino diario. ¿Por qué? Porque somos mujeres y tenemos planes bien pensados. Somos profesionales de la organización y muy buenas cumplidoras de horarios. Somos capaces de realizar varias tareas a la vez, atando todos los cabos sueltos con facilidad. Y sugerir que dejemos nuestro calendario en manos de otro parece... bueno, una tontera. Las cosas son más fáciles cuando nos encargamos nosotras, ¿amén?

Pero como creyentes llenas de fe, seguir la guía de Dios es vital. Y la verdad es que hay una libertad infinita en ello. ¿Quién diría que ceder el control y confiar los detalles al Señor nos daría tanto gozo? Las Escrituras dicen claramente que podemos estar seguras de que él nos guiará. Así que hoy, ¡invítalo a que te guíe y disfruta del descanso!

. . . .

Dios, esto es un reto para mí porque soy la que
dirige mi hogar. Estoy acostumbrada a ser la
que toma las decisiones a diario. Pero quiero
seguir tu Palabra, para que tú seas glorificado.
Ayúdame a soltar el control y seguirte. ¡Que sea
una aventura! En el nombre de Jesús. Amén.

Con la actitud correcta

Sino que pone su amor en la ley del Señor y en ella medita noche y día [...]. Es como un árbol plantado a la orilla de un río, que da su fruto a su tiempo y jamás se marchitan sus hojas. ¡Todo lo que hace, le sale bien!
SALMOS 1.2–3 DHH

Hay bendición al pasar tiempo en la Palabra de Dios con la actitud correcta. Cuando nos acercamos a ella con expectación y entusiasmo, nos da el alimento que tanto necesitamos. Nuestras almas cansadas beberán de su bondad, y habrá fruto en abundancia. Pero muy a menudo, abrimos la Biblia de forma legalista. Creemos que es una obligación, así que pasamos con prisa por los versículos, espigando poco, si acaso. Y se convierte en nada más que una más de nuestra lista de tareas de cada día.

Deja que los versículos de hoy te desafíen a cambiar las cosas. Ten un corazón reverente mientras agarras tu Biblia y abres sus páginas. Empieza a leer, sabiendo que Dios hablará. Abre tu corazón para escuchar cosas nuevas de formas diferentes. Habla con Dios a través de ella. Hazle preguntas. Comparte tus pensamientos. Medita y ora. Y cuando adoptes esta postura, cobrarás vida como un árbol en plena floración.

- -

Dios, enséñame a amar tu Palabra.
En el nombre de Jesús. Amén.

Campo abierto

Dios me tendió la mano desde lo alto,
y con su mano me sacó del mar inmenso.
Me salvó de enemigos poderosos
que me odiaban y eran más fuertes que yo.
Me atacaron cuando yo estaba en desgracia,
pero el Señor me dio su apoyo: me sacó a la libertad;
¡me salvó porque me amaba!
SALMOS 18.16–19 DHH

Deja que la imagen de los versículos de hoy sea un bálsamo de sanación para tu corazón cansado. Saber que Dios te ve desde su trono celestial y que baja para atraerte hacia él es una hermosa imagen de su amor. No importa lo que te amenace con hundirte, Dios irá tras de ti, sin miedo. Puede que te sientas abandonada momentáneamente, desamparada. Pero tu Padre está contigo *ahora mismo*.

Hoy puedes sentir alivio, amiga. Deja que Dios te rescate. Deja que él te coloque en un campo abierto donde seas libre. No más presión aplastante de las agendas de otros. Sin expectativas. Sin críticas. Cuando clames a él, Dios te liberará para que vivas tus mejores días rodeado de su amor y protección.

Dios, ayúdame. En el nombre de Jesús. Amén.

Honrar el nombre de Dios

Me das nuevas fuerzas
y me guías por el mejor camino,
porque así eres tú.
SALMOS 23.3 TLA

Considera que tal vez tu gran propósito en la vida sea honrar el nombre de Dios, no que él lo exija o lo necesite. No es que la responsabilidad recaiga sobre tus hombros. No es que seas la elegida (aunque seas bastante impresionante). Pero reconoce que el plan de Dios para compartir el evangelio con el mundo es a través de sus creyentes. Y aunque somos imperfectas en el mejor de los casos, elegir vivir rectamente impacta a otros.

Cada día es una nueva oportunidad para honrarle. Busca maneras de ser sus manos y pies. Vive sin ofender y llena de gozo. Sé honesta acerca de tu caminar con Dios, dispuesta a compartir el testimonio de su bondad. Y vive con confianza para que otros vean su fuerza y sabiduría fluyendo a través de ti. Así es como honras el nombre de Dios.

* *

Dios, qué privilegio dirigir a otros hacia ti con mi vida. Permíteme ser consciente de mis palabras y acciones para que tú seas glorificado. En el nombre de Jesús. Amén.

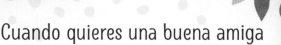

Cuando quieres una buena amiga

Tú, Dios mío, eres mi pastor;
contigo nada me falta.
SALMOS 23.1 TLA

¿Eras de las chicas que siempre anhelaban una amiga íntima pero nunca la encontraban? Anhelabas a esa persona especial con la que hacer el tonto. Orabas por tener una amiga íntima con la que pasar el rato. En tu mente, tener esa amiga haría tu vida mucho mejor. Y, aunque tenías buenas amigas, ese deseo de tu corazón se te escapaba.

El salmista encontró ese tipo de amistad especial con Dios. Ya no tiene que esperar ni mendigar compañía porque el Señor llenó ese vacío por él. ¿Sabes qué? Dios también puede ser tu mejor amigo. Él cumple todos los criterios. Él está ahí en cualquier momento en que lo necesites. No hay nada que no puedas compartir con él. Siempre te cubrirá las espaldas. Y quiere lo mejor para ti. Así que ¡anímate! Tu mejor amigo está aquí.

* * *

Dios, realmente piensas en todo. He esperado y deseado tener una amiga íntima desde que tengo memoria, pero nunca sucedió. Estoy agradecido de que tú seas eso para mí. Cuando lo olvide, recuérdame que tú estás ahí en todo momento. En el nombre de Jesús. Amén.

El valle de la oscuridad más profunda

Puedo cruzar lugares peligrosos y no tener miedo de nada, porque tú eres mi pastor y siempre estás a mi lado; me guías por el buen camino y me llenas de confianza.
SALMOS 23.4 TLA

Cuando nos encontramos en el valle de las tinieblas más profundas y cuando el miedo parece abrumador por lo desconocido que nos espera, el amor de Dios nos trae un consuelo duradero. Su fuerza nos hace seguir adelante. Y es la paz del Señor la que sosiega nuestro espíritu. Recordemos que nunca estamos solas en esos momentos. Dios está ahí, caminando con nosotras, guiándonos y atendiendo a nuestras necesidades.

Así que, amiga, cuando tus días estén marcados por momentos de valles de oscuridad, aférrate al Señor con todas tus fuerzas. Él te está guiando para tu bien y su gloria, ¡y él es digno de confianza! Incluso cuando te encuentres rodeada de oscuridad, Dios será tu luz.

. . . .

Dios, gracias porque incluso los días difíciles pueden ser buenos cuando nos aferramos a ti. Guíame a través de ellos con fortaleza, paz y el consuelo de tu amor. En el nombre de Jesús. Amén.

Mantenerse en el hoy

Estoy completamente seguro de que
tu bondad y tu amor me acompañarán
mientras yo viva, y de que para siempre
viviré donde tú vives.
SALMOS 23.6 TLA

A veces nos adelantamos a los acontecimientos. En lugar de permanecer concentrados en el presente, sorteando los altibajos que conlleva, empezamos a preocuparnos por el mañana. Muchas de nosotras solo vemos resultados y finales terribles cuando miramos al futuro. Nos sentimos abrumadas por las innumerables incógnitas que nos depara el futuro. Y eso nos arruina el día.

Cuando proyectamos así, estamos sacando a Dios del escenario. Olvidamos que él ya está en nuestro mañana. Él va delante de nosotras. La bondad y el favor de Dios nos siguen. Y no importa lo que traiga, estamos asegurados por su tierno amor. Mantente fuerte en el hoy y disfruta de sus bendiciones. El mañana puede esperar.

Dios, me encanta el suave recordatorio de no temer al futuro. Ayúdame a estar presente hoy para que pueda abrazar todo lo que tú tienes reservado para mí. Confío en ti para lo que está por venir. En el nombre de Jesús. Amén.

Todas tus necesidades

*Y este mismo Dios quien me cuida suplirá todo
lo que necesiten, de las gloriosas riquezas que
nos ha dado por medio de Cristo Jesús.*

FILIPENSES 4.19 NTV

Si Dios dice que va a satisfacer tu necesidad, entonces él va a hacerlo. Es tan simple como eso. Y tal vez no sea difícil de creer cuando te mantienes en la fe. Pero aquí es donde nos equivocamos: nuestro miedo entra en juego porque no estamos seguros de que Dios vaya a responder a nuestras oraciones de la manera en que queremos que sean respondidas. Nos preocupa que él no pueda satisfacer nuestras necesidades como nosotras queremos. ¿Amén?

Nuestro reto es creer que Dios no solo es digno de confianza en nuestras circunstancias, sino también que sus planes son siempre para nuestro bien y su gloria. Las Escrituras dicen claramente que el Señor suplirá todas tus necesidades. Una vez que abras tu corazón, tu trabajo es permanecer en la fe sabiendo que Dios vendrá a través de formas que te deleitarán.

- -

Dios, sean cuales sean tus planes para mí, te estaré agradecida. Elijo abrazar tu generosidad y bondad, aunque no sea lo que espero. Tú siempre eres bueno, ¡y te estoy agradecida! En el nombre de Jesús. Amén.

Huir de la inmoralidad

¡Huyan del pecado sexual! Ningún otro pecado afecta tanto el cuerpo como este, porque la inmoralidad sexual es un pecado contra el propio cuerpo. ¿No se dan cuenta de que su cuerpo es el templo del Espíritu Santo, quien vive en ustedes y les fue dado por Dios? Ustedes no se pertenecen a sí mismos.

1 Corintios 6.18–19 ntv

Si la Palabra de Dios te dice que huyas del comportamiento inmoral, entonces tal vez necesites acelerar el paso. Amiga, tu mejor día comienza persiguiendo una vida de pureza. Se le llama vida recta, que es exactamente lo que el Señor está pidiendo.

La esperanza de Dios para ti es que reconozcas tu cuerpo como templo de su Espíritu Santo. Es sagrado porque él es sagrado. Cuando permites el pecado sexual en cualquier forma, la Palabra dice que estás pecando contra ese templo: tu cuerpo. Comprométete con la pureza cada día, y observa cómo florece nuestra fe. Elige el camino que te da paz.

* *

Dios, ayúdame a concentrarme en mantener mi cuerpo santo. Protégeme de cualquier cosa que pueda hacerme tropezar en la inmoralidad sexual. Y gracias por la presencia del Espíritu Santo en mí. En el nombre de Jesús. Amén.

Dios se ocupará

Queridos hermanos, no tomen venganza ustedes mismos, sino dejen que Dios sea quien castigue; porque la Escritura dice: «A mí me corresponde hacer justicia; yo pagaré, dice el Señor».
ROMANOS 12.19 DHH

A veces queremos vengarnos de quienes nos han hecho daño. Como nuestro amor por nuestros seres queridos es tan intenso, estamos dispuestas a defenderlos a toda costa. Pensamos que nos dará placer ver a alguien pagar. Dios, sin embargo, no está de acuerdo con nuestro plan. Al contrario, él promete ocuparse de ello por nosotros. Él será quien juzgue.

No tardes en orar cuando esos sentimientos de venganza empiecen a aflorar. Deja que Dios conozca tus pensamientos, miedos y preocupaciones. Háblale de tu dolor y de tu ira. Cuando se los entregues a él, evitarás que tu corazón se endurezca. Entonces serás libre para descubrir la bondad de los demás. Y eso hará que tu vida sea gloriosa.

* * *

Dios, recuérdame otra vez que tú me defenderás y corregirás todos esos errores. Ayúdame a mantener un corazón amoroso mientras confío en ti para que te encargues de todo. En el nombre de Jesús. Amén.

Lento para la ira

*Mis queridos hermanos, pongan atención a esto
que les voy a decir: todos deben estar siempre
dispuestos a escuchar a los demás, pero no
dispuestos a enojarse y hablar mucho. Porque la
gente violenta no puede hacer lo que Dios quiere.*

SANTIAGO 1.19–20 TLA

Pocas cosas pueden arruinar más rápido un día que
la ira. Es capaz de hacer descarrilar los mejores momentos al remover viejas heridas. Te recuerda ofensas
pasadas, trayendo a la memoria momentos dolorosos.
Es más, si la gente sabe que eres creyente, puede
arruinar tu testimonio de fe.

En lugar de irritarnos, la Palabra de Dios nos dice
que primero escuchemos. Que los demás expongan
sus sentimientos, incluidas sus heridas. Guarda silencio
para que se sientan escuchados. Y luego pídele a Dios
compasión y comprensión. Hacer esto valida su dolor
y te permite mantener la calma. Cada día es una oportunidad para amar bien a los demás. Elijamos cumplir
este versículo para que Dios se lleve toda la gloria.

*Dios, a veces mi temperamento estalla sin aviso.
Perdóname por las veces que no te he honrado con
mis palabras y acciones. Confieso que he tratado
a otros injustamente. Ayúdame a estar dispuesta a
escuchar primero. En el nombre de Jesús. Amén.*

Cuando tu gozo viene de Jesús

¡Así que alégrense mucho en el Señor y estén contentos, ustedes los que le obedecen! ¡Griten de alegría, ustedes de corazón puro!

Salmos 32.11 ntv

¿No te encanta salir con gente alegre? No importa por lo que estés pasando, te levantan el ánimo. Te ayudan a olvidarte de la pesadez de tu vida y te hacen sonreír. Puede que incluso envidies su visión positiva de la vida, sobre todo sabiendo que su mundo es complicado y difícil. Y cuando su gozo está alimentado por su relación con Dios, es una fuerza poderosa.

Amiga, ¡esto también está disponible para ti! La felicidad en Jesús no significa que tu vida sea perfecta. No niega el estrés y la lucha que enfrentas. Pero sí te permite elevarte por encima de las circunstancias porque tus ojos están fijos en su bondad. El gozo no viene de la perfección. El gozo viene de Jesús.

. . . .

Dios, ayúdame a encontrar gozo y felicidad a través de mi relación contigo. Habrá temporadas en las que la vida sea dura, pero eso no tiene por qué afectar a mi gozo. En el nombre de Jesús. Amén.

Dios escucha tus oraciones

¡Bendito sea el Señor, que ha escuchado mis ruegos!
El Señor es mi poderoso protector; en él confié
plenamente, y él me ayudó. Mi corazón está alegre;
cantaré y daré gracias al Señor.
SALMOS 28.6–7 DHH

Dios te escucha. Cuando clamas a él, las Escrituras confirman una y otra vez que tu voz ha sido escuchada. No importa la hora del día o si es festivo, Dios nunca está fuera de servicio. No está preocupado por otras situaciones. Tú no eres una oración de baja prioridad. ¡Qué alivio!

Esto significa que puedes hablar con Dios durante todo el día. Tu conversación puede empezar en cuanto abres los ojos por la mañana y durar hasta que te vayas a dormir. Ya sea el tráfico de camino al trabajo, la paciencia con alguna amiga durante la comida o la preparación de la cena, Dios puede formar parte de todo ello porque te escucha orar. Y a él le complace estar en esa clase de comunidad contigo.

* * * * * * * * * *

Dios, mi corazón se llena cuando me doy cuenta
de que tú siempre estás disponible para mí.
Gracias por ser accesible a mí e interesarte
por mí. En el nombre de Jesús. Amén.

Cuéntale tus necesidades a Dios

*Oye mis gritos cuando te pido ayuda, cuando
extiendo mis manos hacia tu santo templo.*
Salmos 28.2 dhh

La mejor persona con la que puedes compartir tus necesidades es Dios. Él tiene un gran interés en tu vida porque es quien te creó. De hecho, Dios conoce tus necesidades antes que tú. Él comprende la complejidad de tus emociones. Sabe dónde están los déficits de tu vida. El Señor entiende dónde te quedas corta y qué vacíos necesitan ser llenados.

No pierdas ni un minuto del día intentando ser valiente y resolver las cosas por ti misma. No te regodees en la autocompasión. Y no busques a otro para que arregle tus circunstancias. Acude directamente a Dios y deja que sea él quien lo resuelva. Él te dará el poder, llamará a las tropas o se encargará él mismo. En cualquier caso, estás en buenas manos cuando dejas que Dios sea Dios.

. . . .

*Dios, escucha mi voz, y contempla mi actitud
de rendición. Mi corazón está afligido, y no puedo
hacer esto sin ti. Déjame sentir la paz
que viene de tu presencia ahora mismo.
En el nombre de Jesús. Amén.*

Siembra y cosecha

Las lágrimas que derramamos
cuando sembramos la semilla
se volverán cantos de alegría
cuando cosechemos el trigo.
SALMOS 126.5–6 TLA

¿Conoces a creyentes que están tristes todo el tiempo, abrumados por la vida y desesperanzados? No hay gozo ni felicidad. Actúan como víctimas o mártires, y lo llevan como una corona. Amiga, Jesús no murió para que tú o yo vivamos una vida en este tipo de esclavitud.

Lleva cada lágrima a la cruz. Cada herida o atadura... dásela al Señor. Cuando estés preocupada, estresada o insegura, habla con Dios sobre lo que sientes. Cuando continúes sembrando en tu fe, recogerás una hermosa cosecha de la bondad de Dios. Al igual que todo el mundo, tendrás días duros y temporadas difíciles; pero cuando actives tu fe y confíes en Dios en los momentos difíciles, él recompensará tu obediencia con gozo y alegría. ¡Su cosecha de bendiciones se desbordará!

Dios, ¡que mi fiel siembra coseche todo lo
bueno! En el nombre de Jesús. Amén.

Del dolor al gozo

*Tú cambiaste mi duelo en alegre danza; me
quitaste la ropa de luto y me vestiste de alegría.*
SALMOS 30.11 NTV

Eres hija del Dios Altísimo. No hay razón para que
pases el día ahogándote en tu dolor más profundo
cuando él es tu Padre. No camines malhumorada,
cubierta de vergüenza. No te asocies con la culpa. No
juegues la carta de la víctima. Puedes tener tu mejor
día hoy si hablas con Dios sobre las cargas que pesan
en tu corazón. No existen palabras perfectas que él
espera escuchar. Más bien llora, grita, desahógate.
Él puede manejarlo.

Dios tiene una manera sobrenatural de aliviarte de
la pesadez que viene con el dolor. Puede que el dolor
no desaparezca, pero tendrás una paz y un consuelo
que el mundo no puede explicar. E incluso en medio
de tu ruina, podrás encontrar un gozo desbordante.
Dios literalmente encenderá una luz en tu corazón,
y verás esperanza. No regales ningún día al dolor.
Dáselo a Dios.

* *

*Dios, escucha mi corazón, toma mi dolor
y dame gozo. En el nombre de Jesús. Amén.*

Otra oportunidad

Oh Señor mi Dios, clamé a ti por ayuda,
y me devolviste la salud. Me levantaste
de la tumba, oh Señor; me libraste
de caer en la fosa de la muerte.
SALMOS 30.2-3 NTV

Una de las verdades más bellas que tenemos la bendición de disfrutar como creyentes es saber que siempre tenemos otra oportunidad. Aunque muchas veces las segundas oportunidades se acaban con la familia y los amigos, nunca es así con Dios. Cada error es una oportunidad para que su gracia brille en nuestro corazón arrepentido. Nunca llegaremos al fondo del frasco de las oportunidades con Dios.

Hoy, dale gracias a Dios por su paciencia, amor y gracia. Agradécele por no tener expectativas de perfección, para que podamos estar libres de culpa y vergüenza. Y dile al Señor cuán agradecida estás de que la sangre de Jesús te haya limpiado de todo pecado, pasado, presente y futuro.

• •

Dios, estoy llena de gratitud cuando me doy
cuenta de que nunca me quedo sin oportunidades.
Puedo clamar a ti, y tú arreglarás los pedazos
rotos de mi vida. Tú me salvarás del abismo.
Gracias. En el nombre de Jesús. Amén.

Ponerlo por delante

Dios nuestro, ¡que nunca nos falte tu amor, pues eso esperamos de ti!
SALMOS 33.22 TLA

Nos enseñan a no dejarnos eclipsar. De niñas, aprendimos a luchar por ser el centro de atención. A ser vistas, reconocidas. Luchábamos por ser la número uno, la más popular y el alma de la fiesta. Si no lo aprendimos de nuestros padres, lo recibimos del mundo que nos lo susurraba al oído desde pequeñas. Pero, a medida que nuestra fe madura, nos damos cuenta de lo expuestas que estamos si —y cuando— nos ponemos por delante de todos los demás.

Desde luego, el lugar más seguro es bajo la sombra de Dios. Podemos ser eclipsadas por su amor y bondad. Por su compasión, su protección, su perdón, su restauración y sanidad. Cuando tienes la perspectiva adecuada, te das cuenta de la seguridad de dejar que Dios esté por delante, dándole esa codiciada posición de número uno. Hoy ¡regocijémonos porque él va delante de nosotras! ¡Qué bendición ser la número dos!

* *

Dios, ¡gracias por ser el Número Uno en lugar de mí y por cubrirme en todos los sentidos! Evita que me salga de tu sombra. Elegiré quedarme segura arropada detrás. En el nombre de Jesús. Amén.

La maravilla
de la Palabra de Dios

Dios es digno de confianza; Dios ama lo que es justo y recto. Por todas partes se pueden ver sus grandes actos de bondad.

SALMOS 33.4 TLA

Hay pocas cosas en las que se pueda confiar en el mundo, y la Palabra de Dios es una de ellas. Lo que se escribió hace miles de años sigue siendo relevante hoy. No le falta nada. No se necesitan adiciones o actualizaciones. Y la Palabra es exacta y verdadera al cien por cien. La Biblia es viva y activa, es capaz de convencer y animar al mismo tiempo. Y ofrece la perspectiva única de nuestro Padre celestial. Es la carta de amor de Dios para nosotros, una forma poderosa de revelarse a los que le aman.

Deja que la Palabra de Dios forme parte de tu día a día. En toda su gloria, deja que las verdades de sus páginas penetren en tu corazón. Deja que guíen tu próximo paso. Medita en las palabras, pidiendo a Dios claridad y perspicacia.

. . . .

Dios, gracias por la belleza y el poder de tu Palabra. Haz que sea importante para mí y que le dedique tiempo a mi corazón todos los días. En el nombre de Jesús. Amén.

La envolvente presencia de Dios

Tú nos das tu ayuda,
nos proteges como escudo.
Por eso confiamos en ti.
SALMOS 33.20 TLA

¿Cómo sería tu día si, en medio de tu caos, te imaginaras la presencia misma de Dios envolviéndote? Sería tu mejor día, ¿verdad? Bueno, amiga, deja que esa sea tu realidad cada día. Pídelo. Hazle saber a Dios que deseas una manifestación de su bondad.

Es la presencia de Dios la que nos fortalece para todos los altibajos que se presentan en nuestro camino. Por él podemos tener esperanza de victoria, sanidad y restauración. No tenemos que caminar derrotados, abatidos por nuestras circunstancias. Dios ha demostrado una y otra vez que es digno de confianza, y eso nos da la seguridad de que intercederá como antes. Así que ánimo, amiga. Dios está plenamente presente en todo el día de hoy, envolviéndote en su amor y protección.

- -

Señor, déjame sentir tu paz ahora mismo. Calma
mi corazón que se me sale del pecho. Una vez
más, te pido que tu presencia envolvente me llene
de consuelo. En el nombre de Jesús. Amén.

Modelo de fe

*Bien saben cómo nos portamos entre
ustedes, buscando su propio bien.*
1 Tesalonicenses 1.5 dhh

Amiga, cada día tienes el privilegio y la carga de ser un modelo de fe para los que te rodean. No lo menosprecies. En cambio, elige ser una buena embajadora de Dios. Deja que tu manera de vivir lo diga todo. Deja que tu amor y compasión guíen a otros hacia Dios. Y ten siempre presente que estás siendo observada, especialmente cuando otros saben que eres creyente. Esto no debería intimidarte, sino más bien animarte a vivir tu fe con valentía.

Al examinarte, ¿qué cosas tienes que cambiar? ¿Dónde necesitas ser más reflexiva? Pídele a Dios que te muestre cualquier cosa en tu vida que necesite ser perfeccionada, para que vivas una vida digna de imitar. Recuerda que no se trata de perfección, sino de vivir una vida con propósito y pasión por Dios cada día.

- -

*Dios, es un honor pensar que algo en mi vida
puede ser digno de imitar. Haz que cada
palabra y cada acción muestren a los demás
tu gloria. En el nombre de Jesús. Amén.*

Refinamiento espiritual

Queridos hermanos, no se extrañen de verse sometidos al fuego de la prueba, como si fuera algo extraordinario. Al contrario, alégrense de tener parte en los sufrimientos de Cristo, para que también se llenen de alegría cuando su gloria se manifieste.
1 PEDRO 4.12–13 DHH

El hecho de saber que los tiempos difíciles son indicativos de refinamiento espiritual debería reconfortar tu corazón. En pocas palabras, Dios no desperdicia el dolor. Al contrario, él lo usa todo, cada pedacito. Y siempre es para tu bien y para su gloria. Y aunque parezca que estamos navegando solas por los desafíos de la vida, las Escrituras dejan claro que Dios no se toma un descanso.

Hoy, no importa lo que estés enfrentando, avanza con una actitud de adoración. Comienza ahora mismo, alabándole por adelantado por todas las cosas maravillosas que él *va* a hacer, por todas las cosas maravillosas que *está* haciendo. Y recuerda, la gloria está a la vuelta de la esquina, y la fe es el pasaje.

Dios, te agradezco que uses cada lucha y desafío que enfrento para mi bien. Gracias porque todo tiene un propósito. Ayúdame a mantener esta perspectiva, especialmente cuando me siento abrumada. En el nombre de Jesús. Amén.

Hacer cosas difíciles

De manera que los que sufren según la voluntad de Dios deben seguir haciendo el bien y poner sus almas en manos del Dios que los creó, pues él es fiel.
1 PEDRO 4.19 DHH

La verdad es que Dios nos pide que hagamos cosas difíciles. Muchas veces, lo que él quiere de los que le aman da miedo. Parece como si tuviéramos que ir contra la corriente, sabiendo que eso nos pone en posiciones impopulares. Estamos llamadas a hablar cuando preferiríamos permanecer en silencio. Y a veces, Dios nos pide que nos enfrentemos a las injusticias en nombre de los demás.

Incluso cuando se te pide que salgas de tu zona de confort, puede ser un buen día porque puedes confiar plenamente en Dios. Hacer su voluntad no debe suponer una nube oscura sobre tus planes. De hecho, a menudo te da fuerza al sentir su deleite por tu obediencia. Así que prepárate y estate dispuesta a seguir las indicaciones del Señor. Dios sabe exactamente lo que hace *en todo momento*.

. . . .

Dios, ¡qué privilegio ser usada por ti! Ayúdame a confiar en tus planes perfectos para que esté segura de poder obedecerte. En el nombre de Jesús. Amén.

A pesar de todo

Tienen toda mi confianza, y estoy muy orgulloso de ustedes. Me han alentado en gran manera y me han hecho feliz a pesar de todas nuestras dificultades.
2 Corintios 7.4 NTV

Es posible experimentar la paz en medio de las turbulencias de la vida. Puede que todo se esté desmoronando a tu alrededor. Tal vez tus relaciones se encuentren en medio de profundos desafíos. Tal vez tus finanzas estén al borde de la destrucción. ¿Tu salud está fallando a cada paso, o hay una nube de dolor y tristeza que se cierne sobre ti y que no se disipa? Pues adivina qué. Estas luchas no pueden quitarte la paz ni el gozo si te aferras a Dios.

El problema es que a menudo no lo hacemos. En lugar de eso, intentamos arreglar nuestras vidas por nosotras mismas. Tratamos de manejar cada circunstancia y persona involucrada para poder dirigirnos hacia un cierto resultado. En lugar de dejar que Dios sea Dios, nos aferramos al volante y conducimos en la dirección que nos parece mejor. Amiga, traiga lo que traiga el día de hoy, ¡estar cerca del Señor puede hacer que sea un buen día! Ábrele tu corazón y deja que él te llene de su paz y gozo.

. . . .

*Dios, calma mi corazón ansioso.
En el nombre de Jesús. Amén.*

Confesar

*Pero si confesamos nuestros pecados a Dios,
él es fiel y justo para perdonarnos nuestros
pecados y limpiarnos de toda maldad.*
1 Juan 1.9 NTV

No tienes que cargar con la culpa y el peso de tus pecados en tu día a día. No hay razón para arrastrar contigo tus pesadas cargas, porque Dios te ofrece un camino claro hacia la libertad. Como creyente, ¿por qué elegirías aferrarte a la contaminación del pecado cuando Dios promete purificarte de él?

Esta es la razón por la que debemos confesar rápidamente nuestros pecados. Es importante que asumamos nuestra responsabilidad, entendiendo que Dios no espera perfección de nosotras. No tenemos que esconder nuestro pecado,   porque él lo sabe todo de todas formas. Y si queremos que cada día sea lo mejor posible, reconozcamos nuestras ofensas. En un espíritu de honestidad, admítelas ante Dios para que puedas sentirte libre de todo mal. Después, ¡disfruta de la vida al máximo!

* *

*Dios, confieso que soy pecadora. Restáurame
para que pueda vivir libre de la contaminación
del pecado. En el nombre de Jesús. Amén.*

Adorar es un privilegio

*¡Adórenlo con alegría! ¡Vengan a su templo
lanzando gritos de felicidad! Reconozcan que
él es Dios; él nos hizo, y somos suyos.
Nosotros somos su pueblo: ¡él es nuestro pastor,
y nosotros somos su rebaño!*
SALMOS 100.2–3 TLA

¿Has pensado que adorar a Dios es un privilegio? A
menudo cantamos en la iglesia porque es lo que toca
hacer. Puede que no haya mucho significado sincero
detrás de ello. Solo estamos siguiendo el formato del
servicio. Y cuando nos llegan buenas noticias, podemos decir «Alabado sea el Señor» con un suspiro de
alivio, pero ¿entendemos realmente lo que estamos
diciendo?

Este pasaje de la Escritura es un desafío para que
cambiemos nuestra perspectiva de la adoración. Qué
bendición que podamos elevar nuestra acción de gracias a Dios sin persecución. Qué maravilloso es que
no tengamos que darle gracias a través de un santo
o un sacerdote. Así que expresa tu gratitud, dándole
a Dios la gloria y la alabanza con pasión cada día.

. . . .

*Dios, es para mí un honor y un privilegio alabar
tu santo nombre, y que mi corazón se regocije
cuando lo hago. En el nombre de Jesús. Amén.*

Meditar en la bondad de Dios

Él es un Dios bueno;
su amor es siempre el mismo,
y su fidelidad jamás cambia.
SALMOS 100.5 TLA

Dedica el día de hoy a meditar en la bondad de Dios. Lo más probable es que no lo hagamos con regularidad porque la vida se nos echa encima rápidamente y estamos centrados en mantenernos a flote. Pero elegir reconocer la maravilla y magnificencia de Dios ayuda a mantener nuestros corazones cimentados en la fe para lo que venga. Así que consuélate sabiendo que él *siempre es bueno* y *siempre está listo* cuando lo necesitamos.

Piensa en cómo te ha sorprendido el amor de Dios. ¿Cómo has visto su bondad en tus circunstancias? Recuerda las veces en que él fue fiel y cumplió. Medita en los momentos en que la confianza de Dios te ha impresionado. Hoy, llénate de gozo mientras tu mente se concentra en el asombroso Dios al que sirves.

Dios, mi corazón está lleno de recuerdos
de tu bondad. Gracias por ser un Padre
amoroso. En el nombre de Jesús. Amén.

Que sus palabras te guíen

Tu palabra es una lámpara a mis pies
y una luz en mi camino.
Hice un juramento, y lo voy a cumplir:
¡pondré en práctica tus justos decretos!
SALMOS 119.105–106 DHH

Cuando seguimos la dirección de Dios, bendice nuestras vidas. ¿Cómo? Porque se convierte en la lente a través de la cual vemos la vida. Y eso nos da perspectiva, para que podamos navegar desde un lugar de fortaleza en lugar de debilidad. Proporciona claridad por encima del caos, permitiéndonos tomar decisiones sabias. Al prestar atención a las palabras de Dios, nos mantienen caminando en la dirección que él ha planeado todo el tiempo.

Pídele a Dios la capacidad de ver la vida a través de sus ojos. Cuando los desafíos a los que te enfrentas nublan tu entendimiento, deja que eso sea una bandera roja para llevarlo directamente a Dios. Él iluminará con gracia el camino oscuro para que puedas caminar cada día en su voluntad.

. . . .

Dios, tus palabras traen vida y comprensión
a mi corazón e iluminan mi camino, incluso
en los momentos más oscuros. Gracias
por este don. Que me guíe y me anime
siempre. En el nombre de Jesús. Amén.

Recuperar la relación

Señor, me siento muy afligido;
¡dame vida, conforme a tu promesa!
Acepta, Señor, las ofrendas de mis labios,
y enséñame tus decretos.
Siempre estoy en peligro de muerte,
pero no me olvido de tu enseñanza.
SALMOS 119.107–109 DHH

¡Ánimo, amiga! Cuando tengas días en los que parezca que todo se está desmoronando, Dios promete recomponerte. A través de su Palabra, encontrarás el consuelo que anhelas. Y encontrarás esperanza a lo largo de sus páginas mientras lees recordatorios de su restauración. Todo lo que necesitamos para vivir en libertad y victoria se encuentra en Dios, y en su Palabra es donde aprendemos lo que él es capaz de hacer y lo que está dispuesta a hacer.

¿Dónde necesitas reconstruir tu vida hoy? ¿Has perdido credibilidad ante alguien importante para ti? ¿No has cumplido tus promesas? ¿Estás sufriendo las consecuencias naturales de tu pecado o del de otra persona? Empieza cada día empapándote de la Palabra de Dios, dejando que te recomponga.

* *

Dios, que cada vez que abra tu Palabra, sea
el pegamento que restaure los pedazos rotos
de mi vida. En el nombre de Jesús. Amén.

Gozo y esperanza vibrantes

¡Me llené de alegría en el SEÑOR mi Dios!
Pues él me vistió con ropas de salvación
y me envolvió en un manto de justicia.
Soy como un novio vestido para su boda
o una novia con sus joyas.
ISAÍAS 61.10 NTV

¿Quieres tener un día increíble? Incluso en medio de las dificultades a las que te enfrentas, es posible sentir un gozo y una esperanza vibrantes en el alma. Es una bendición sobrenatural que a menudo es incomprendida por los demás. Miran tu vida y se sienten agotados. No ven respuestas fáciles ni salidas viables. Por eso, cuando tú te mantienes firme, ellos se sienten confundidos.

Dile a cualquiera que te pregunte por tu actitud positiva en medio de circunstancias negativas que todo se debe a Dios. Eres amada. Eres justa. Tu salvación eterna está asegurada. Y esas maravillosas verdades superan cualquier preocupación terrenal.

. . . .

Dios, me encanta que seas un misterio y que tus
caminos sean inexplicables. Gracias por todo lo
que me da la fe. En el nombre de Jesús. Amén.

Ante el esplendor de Dios

*El cielo azul nos habla
de la grandeza de Dios
y de todo lo que ha hecho.*
SALMOS 19.1 TLA

Cada día es una nueva oportunidad para asombrarse ante el esplendor de Dios. ¿Has contemplado alguna vez las montañas maravillada? ¿Has contemplado la inmensidad de un océano y has reaccionado con asombro? ¿Y qué me dices de contemplar el cielo nocturno? Una no puede dejar de maravillarse ante las complejidades de las estrellas y los planetas.

Hoy, elige ir más despacio. En lugar de correr de una cosa a otra, pídele a Dios que tus ojos y tus oídos se fijen en su obra creadora cada día. Date tiempo para asimilarlo todo. Déjate asombrar y sorprender por la atención que el Señor presta a los detalles. Y déjate conmover profundamente al celebrar el mundo que él ha creado.

. . . .

*Dios, abre mi corazón para que sienta completa
reverencia al pasar mi día y notar tus huellas
en todo el mundo. Regocijémonos juntas en
tu obra. En el nombre de Jesús. Amén.*

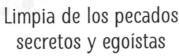

Limpia de los pecados secretos y egoístas

¡Líbrame del orgullo!
¡No dejes que me domine!
¡Líbrame de la desobediencia
para no pecar contra ti!
SALMOS 19.13 TLA

El pecado secreto tiene una manera de arruinar incluso el mejor de los días. En nuestra rebelión, creemos que lo que hacemos fuera del ojo público permanece oculto. Pero la verdad es que Dios lo ve. Nada está bloqueado a su vista. Y él entiende la complejidad de por qué esas cosas gobiernan sobre ti. Dios tiene una imagen completa, mientras que nosotras no.

Que Dios sea tu mejor compañero. No rehúyas ser sincera, él lo sabe todo. Recuerda que en Cristo no hay condenación. Puedes confiar en que el amor de Dios es seguro. Así que deja que él te libre de cualquier pecado secreto y egoísta. Invita al Señor a las partes más profundas de tu vida, y observa cómo su amor sana y restaura los lugares que están rotos.

* *

Dios, te confieso ahora mismo mis pecados y mi rebelión. Límpiame y renuévame cada día. Permite que mi amor por ti sea lo que me impulse a vivir una vida recta. En el nombre de Jesús. Amén.

De tu agrado

Que las palabras de mi boca y la meditación
de mi corazón sean de tu agrado, oh
Señor, mi roca y mi redentor.
SALMOS 19.14 NTV

Esta es una intención importante, ¿amén? Por supuesto, queremos que nuestras palabras sean aceptables ante Dios. Queremos que nuestros pensamientos solo lo glorifiquen a él. Y esperamos que nuestros corazones estén llenos de motivos puros todos los días. Pero la verdad es que esto es difícil de lograr, al menos por nosotros mismos.

Comienza cada mañana en oración, pidiendo al Señor que haga posible este empeño. Dile dónde te sientes débil y dónde necesitas su ayuda. Hazle saber a Dios dónde te estás quedando atrás en tu camino de fe. Ten la seguridad de que cuando le pidas ayuda para llevar una vida recta, él lo hará posible. Cuando te apoyas en él, Dios te capacitará para vivir de una manera aceptable y agradable. Y cada día encontrarás razones para estar llena de gozo y paz.

. . . .

Dios, ¡dame todo lo que necesito para que
mis palabras y acciones te den gloria!
Te amo. En el nombre de Jesús. Amén.

Todo lo que necesitas

*También pedimos que se fortalezcan con todo
el glorioso poder de Dios para que tengan toda
la constancia y la paciencia que necesitan.
Mi deseo es que estén llenos de alegría.*

Colosenses 1.11 ntv

En el versículo de hoy, Pablo ora así por la iglesia.
Sabe, sin lugar a dudas, que Dios debe ser quien haga
realidad esta oración. La fortaleza de la iglesia será
una bendición dada por Dios, y él los equipará con lo
que necesitan para recorrer caminos difíciles. Y con
su ayuda, serán capaces de perseverar en tiempos
duros y resistir con una actitud gozosa.

Deja que esta oración de Pablo te cubra a ti también
hoy. Léela de nuevo teniendo en cuenta tus
circunstancias. ¿Cómo te anima? ¿De qué manera
esta oración te ayuda a resistir en el camino? ¿Cómo
tranquiliza tu corazón ansioso? Amiga, que tu única
esperanza esté anclada en Dios. Él te ve; él te ama; y
él te fortalecerá para el siguiente paso.

*Dios, mi vida solo es buena porque tú estás en
ella. Cada día, tú eres quien promete satisfacer
cada necesidad. Y tú lo haces. Mi corazón
rebosa. En el nombre de Jesús. Amén.*

Descubrir la Palabra de Dios

Cuando descubrí tus palabras las devoré;
son mi gozo y la delicia de mi corazón,
porque yo llevo tu nombre,
oh Señor Dios de los Ejércitos Celestiales.
JEREMÍAS 15.16 NTV

¿Recuerdas cuando leíste un texto bíblico que parecía saltar de la página? Te llegó de golpe al corazón, aunque ya lo hubieras leído antes. A veces lo más dulce es redescubrir la Palabra de Dios. Está viva y en acción; y cuando invertimos tiempo en sus páginas, somos bendecidas.

Cuando tu corazón se sienta deleitado por las Escrituras, no desperdicies ese momento. Medita en esos versículos clave durante todo el día. Rúmialo con el Señor, pidiéndole que profundice en tu alma. Compártelo con tus amigos. Y, desde un lugar de reverente gratitud, agradece a Dios que te lo haya mostrado en el momento justo.

• •

Dios, me encanta que tu Palabra sea relevante en mi vida de hoy y esté llena de maravillas. Lléname del deseo de pasar tiempo sentada ante las Escrituras y descubrir lo que tú quieres decirme. ¡Me interesa y te escucho! En el nombre de Jesús. Amén.

La alegría de ser débil

*Me alegro de ser débil, de ser insultado
y perseguido, y de tener necesidades y
dificultades por ser fiel a Cristo. Pues lo que
me hace fuerte es reconocer que soy débil.*
2 CORINTIOS 12.10 TLA

Qué poderosa verdad: nuestra debilidad es «un portal al poder de Dios». Es tan contrario a lo que predica el mundo. Desde pequeñas, se nos anima a ser fuertes e independientes. Se nos enseña a hacernos a nosotras mismas y a estar orgullosas de ello. Y a menudo, lo último que queremos que nadie sepa es que nos sentimos agotadas, frágiles y vulnerables.

Pero Dios ve las cosas de otra manera. Con precisión. Y cuando nos sentimos inadecuadas, él está ahí para compensar la diferencia. Cuando no llegamos, Dios llena los vacíos. Nuestra debilidad no es negativa. Por el contrario, es algo esperable debido a nuestra condición humana. Cada día, no dudes en decirle a Dios dónde necesitas su poder, y alégrate de que pueda fluir a través de ti.

. . . .

*Dios, ayúdame a no sentirme derrotada por
mi debilidad, sino agradecida por tu fuerza
en mí. En el nombre de Jesús. Amén.*

La profundidad
de su misericordia

Ten misericordia de mí, oh Dios, debido a tu amor
inagotable; a causa de tu gran compasión,
borra la mancha de mis pecados.
Lávame de la culpa hasta que quede limpio
y purifícame de mis pecados.

SALMOS 51.1–2 NTV

Una de las cosas más hermosas de Dios es la profundidad de su compasión por los que le aman. Es una fuerza poderosa que bendice el corazón de un creyente porque asegura que estamos libres de condenación. Puede que tengamos que sufrir las consecuencias naturales de nuestro pecado, pero el Señor no amontonará culpa y vergüenza sobre nosotros. No nos rechazará ni nos dará la espalda con disgusto. Las Escrituras dicen que el amor de Dios es generoso y que su corazón está lleno de misericordia, y eso nos libera de cualquier expectativa de perfección.

No dejes que el peso del pecado te impida disfrutar al máximo de cada día. No hay ninguna buena razón para ello. En lugar de eso, confiesa tu pecado y pídele a Dios que te revele su paz.

* *

Dios, gracias por el don del amor y
compasión. En el nombre de Jesús. Amén.

Dios sabe lo que hace

Yo sé los planes que tengo para ustedes, planes para
su bienestar y no para su mal, a fin de darles un
futuro lleno de esperanza. Yo, el Señor, lo afirmo.
JEREMÍAS 29.11 DHH

Qué alivio saber que cuando no tienes ni idea de lo que viene a continuación, Dios lo tiene todo planeado. No tienes que empezar el día con respuestas, porque Dios ya las tiene. Cuando la vida se tuerce y te sientes desestabilizada, no tienes que asociarte con el miedo. Y cada vez que esos sentimientos de desesperanza salgan a la superficie, puedes confiarle al Señor ese futuro desconocido.

Amiga, Dios tiene planes para cuidar de ti. Él está en esto a largo plazo porque tú vales su tiempo y energía. Eres su creación amada, pero Dios no se paralizó ahí. No solo te creó. Además, hizo planes para tu futuro, planes para deleitarte. Dios decidió estar siempre contigo. Y cada día puedes confiar en que él está involucrado y activo desde la mañana hasta la noche.

· ·

Dios, creo que tú siempre tienes lo mejor
para mí. Sé que tus planes son para mi bien y
tu gloria. En el nombre de Jesús. Amén.

Buscar a Dios en serio

*Entonces ustedes me invocarán, y vendrán a mí
en oración y yo los escucharé. Me buscarán y me
encontrarán, porque me buscarán de todo corazón.
Sí, yo dejaré que ustedes me encuentren, y haré
que cambie su suerte [...]. Yo, el Señor, lo afirmo.*
JEREMÍAS 29.12–14 DHH

Deja que la verdad de estos versículos te bendiga.
Están llenos de afirmación y aliento para buscar a
Dios con fervor y pedir su ayuda en tiempos difíciles.
Alientan la oración persistente y los motivos puros.
Y te desafían a dar prioridad a Dios sobre todo lo
demás en tu vida.

Tómate en serio tu relación con Dios. Si estás du-
dando, a medio camino de la fe, es hora de hacer una
declaración de fe y una decisión de salvación. El Señor
está esperando y listo para tu entrega. Él promete
que no acabará en decepción. Escoge diariamente
buscar a Dios con todo tu corazón y ¡sé bendecida!

• •

*Dios, ayúdame a buscarte seriamente cada día.
A partir de ahora, voy a tomarme en serio lo
de crecer y alimentar mi relación contigo. Te
amo, Padre. En el nombre de Jesús. Amén.*

Todavía ocurren milagros

De los labios nos brotaban risas y cánticos alegres.
Hasta decían las demás naciones: «Realmente es
maravilloso lo que Dios ha hecho por ellos».
¡Lo que Dios hizo por nosotros fue realmente
maravilloso, y nos llenó de alegría!
SALMOS 126.2–3 TLA

Hay quien cree que Dios ya no hace milagros, pero eso no es cierto. El milagro puede ser la restauración de un matrimonio a las puertas del divorcio. Puede ser un hijo pródigo que ha regresado. Puede ser una enfermedad que desaparece sin tratamiento. Incluso puede ser un milagro financiero que cubra las facturas hasta el último céntimo.

Pídele al Señor que te dé los ojos espirituales para ver su mano moviéndose en tu vida, porque se está moviendo, lo veas o no. Y cuando te des cuenta de su bondad, deja que tu corazón rebose de alegría. Grita de gozo y canta sus alabanzas a quien quiera escucharte. Estos son momentos que construyen la fe y ayudan a cambiar vidas.

* *

Dios, te doy el crédito y la gloria por cada
cosa buena en mi vida. Sé que todo viene
de ti. En el nombre de Jesús. Amén.

Cuando tienes miedo de abrirte a Dios

*Pon tu vida en las manos del Señor;
confía en él, y él vendrá en tu ayuda.
Hará brillar tu rectitud y tu justicia
como brilla el sol de mediodía.*
SALMOS 37.5–6 DHH

Decir que es difícil ser auténtica y honesta es quedarse corto. Lo más probable es que ni siquiera nuestras mejores amigas conozcan las partes más profundas y oscuras de nuestra alma. Pocos entienden las cosas que más nos duelen y nos hacen sentir no amadas. Pero es arriesgado abrirse a cualquiera, porque una vez que lo hacemos, la verdad está ahí fuera. A veces da miedo exponerse así.

Puede ser difícil dejar a un lado nuestros sentimientos y dejar entrar a Dios. Pero como creyente, tu trabajo es elegir confiar en él. Las Escrituras están llenas de recordatorios de que él es fiel y digno de confianza. Así que haz una práctica diaria de abrir tu corazón a él y compartir aquello que te agobia. A cambio, recibirás paz, consuelo y validación.

Dios, dame valor para dar un salto de fe y confiarte mi corazón. Necesito tu ayuda para empezar. En el nombre de Jesús. Amén.

Cuidado con el interés personal

Guarda silencio ante el Señor;
espera con paciencia a que él te ayude.
No te irrites por el que triunfa en la vida,
por el que hace planes malvados.
SALMOS 37.7 DHH

Como creyentes, no debemos aspirar a ser celebridades. Nuestro objetivo no debería ser abrirnos camino hasta la cima. Muy a menudo, cuando es así, estamos trabajando en nuestro propio interés, y herimos a la gente en el camino. Acabamos pisándola en nuestra búsqueda de prominencia. Si Dios quiere que lleguemos a una posición de liderazgo, podemos confiar plenamente en que lo hará en el momento oportuno y de la manera adecuada.

Pero ¿y si camináramos cada día en oración? No solo haría que tuviéramos mejores días, sino que también nos mantendría en estrecha comunicación con Dios. Ayudaría a que nuestros corazones se mantuvieran en el lugar correcto, con respeto y cuidado por los demás mientras lo honramos a él. Y nos permitiría discernir si cualquier promoción o elevación que se nos presente proviene de Dios o del hombre.

* *

Dios, recuérdame que este mundo no es mi
hogar. Quiero acumular mis tesoros en el
cielo. En el nombre de Jesús. Amén.

Trabajar por el bien

Aléjate de la maldad y haz lo bueno, y tendrás siempre
un lugar donde vivir. Pues el Señor ama la justicia
y no abandona a quienes le son fieles; pero destruye
a los malvados y los deja sin descendencia.
Salmos 37.27–28 dhh

Debéis ser luz y sal para el mundo. Tus palabras y acciones deben ser las que lleven a otros a Dios en el cielo. Y, cuando se presente la oportunidad, debes compartir con autenticidad tu testimonio de cómo Dios se ha manifestado en tu situación. Así es como trabajas para el bien, como se sugiere en el pasaje de la Escritura de hoy.

No es un llamamiento a la perfección. Todos sabemos que eso no es lo que Dios espera, ni lo que es alcanzable. Por el contrario, este es un desafío a vivir con propósito y pasión, llenos de fe cada día. Cuando estemos dispuestos a caminar por la senda de la rectitud, aunque a veces nos tambaleemos un poco, nuestras decisiones bendecirán a Dios y animarán a los demás.

Dios, bendíceme con el valor y la confianza
para trabajar por el bien cada día y en todas las
circunstancias. Quiero que mi vida te bendiga
y te deleite. En el nombre de Jesús. Amén.

Una vida libre y a refugio

La ayuda a los hombres buenos viene del Señor,
que es su refugio en tiempos difíciles.
El Señor los ayuda a escapar [...] porque
en él buscaron protección.
SALMOS 37.39–40 DHH

¿Qué crees que significa tener una vida a refugio? Quizá signifique que no estamos agobiados por una lista de tareas pendientes o por nuestros calendarios. Tal vez signifique que no tenemos dificultades diarias que nos presionan desde todos los lados. O tal vez significa que, independientemente de lo que nos depare la vida, somos capaces de encontrar seguridad porque Dios protege y salva a los que le aman.

Tener una vida libre y a refugio describe un cuadro hermoso, ¿no es así? Bueno, este es el tipo de vida que está disponible para cada creyente. Somos fortalecidas por Dios para las batallas que nos esperan, que no pueden aplastarnos ni agobiarnos. Así que, decide hoy que cuando sientas que la presión aumenta, correrás directamente a Dios. Incluso en medio del día, déjate caer en los brazos del Padre que te protegerá y te salvará siempre.

. . . .

Dios, quiero una vida libre y a refugio. Gracias
por ponerla a mi disposición a través de tu amor
generoso. En el nombre de Jesús. Amén.

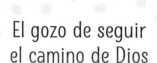

El gozo de seguir el camino de Dios

Siempre estoy repitiendo las enseñanzas que nos diste. En ellas pongo toda mi atención, pues me hacen más feliz que todo el oro del mundo.
<small>SALMOS 119.14–15 TLA</small>

Sí. Esto se llama vivir rectamente, lo que significa vivir en una relación correcta con Dios. Es elegir ver el mundo a través de la lente de la fe. Es seguir a Dios por encima de las persuasiones del mundo. Es dejar de lado tus deseos carnales y hacer lo que sabes que glorifica al Señor. Es empezar el día orando, pidiendo a Dios confianza y valor para tomar decisiones difíciles. Y cuando tienes la intención de vivir de esta manera, se convierte en una fuente de gozo. Saber que estás deleitando a Dios alimenta tu fe.

Deja que cada día te acerque un paso más a él. Pide un derramamiento de su poder, sabiduría y discernimiento para que puedas seguir a Dios con fervor. Te esperan grandes bendiciones cuando vives tu vida para agradarle.

. . . .

Dios, elijo tu camino sobre todo lo que el mundo tiene para ofrecerme. En el nombre de Jesús. Amén.

Proviene de Dios

¡Qué lástima me dan
los que no cumplen tus mandamientos!
¡Tú reprendes a esos orgullosos!
SALMOS 119.21 TLA

Cada día es una elección para ser humildes. Debemos recordar que nuestras vidas deben señalar a otros hacia Dios y nada más. Cualquier golpe de genialidad viene de él. Nuestra creatividad fue horneada cuando fuimos formadas. Tal vez hemos trabajado duro para obtener un título, pero Dios planeó nuestros pasos y nos equipó con las herramientas para hacerlo. Nuestro éxito es su provisión. Nuestros talentos son su regalo. Y nuestro deseo de hacer el bien es su plan. Puede que nosotras hayamos hecho el trabajo, pero Dios se lleva la gloria.

Prepárate y estate dispuesta a reconocer a Dios en lugar de darte palmaditas en la espalda. Agradécele que te haya dado la habilidad, el valor, la revelación, la ética de trabajo y la perseverancia. Y dale gracias por darte fe para seguir su voluntad y sus caminos en tu vida.

. . . .

Dios, impídeme ser arrogante; es feo e impío.
Sé que todas las cosas buenas vienen solo
de ti. En el nombre de Jesús. Amén.

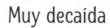

Muy decaída

Cumple tu promesa y dame ánimo, pues estoy
muy decaído y el dolor me está matando.
Yo te conté mi vida, y tú me respondiste.
¡Enséñame a cumplir tus mandatos
y a pensar solo en tus maravillas!
SALMOS 119.25–26 TLA

¿Alguna vez has tenido la sensación de estar «desvaneciéndote»? Son palabras muy gráficas. Tal vez has tenido una temporada difícil que te ha dejado sin ánimo. Tal vez no te sientes reconocida por los demás, como si hubieras perdido importancia en sus vidas. ¿Te sientes sola o apartada? Tal vez estás divorciada o de duelo por la muerte de un esposo. Tal vez estés soltera y tus hijos ya no estén o te sientas sola en el matrimonio. En cualquier caso, te sientes desanimada y desesperanzada.

Cada día que te sientas así, abre la Palabra de Dios. Tiene el poder de revertir la sensación de *decaimiento* que prevalece en tu vida. De hecho, las Escrituras te permitirán tener un día maravilloso en comunión con Dios. Él dará palabras de valor y aprecio a tu corazón. Y él siempre estará ahí para levantarte.

• •

Dios, gracias por verme.
En el nombre de Jesús. Amén.

No causes desastres

Dios mío, no me hagas quedar mal,
pues confío en tus mandamientos
y he decidido obedecerlos.
SALMOS 119.31 TLA

El salmista anhela desesperadamente la intervención de Dios. Claro, comprendía la condición humana y cómo a menudo estropeamos nuestras vidas. Piensa en alguna situación en la que te hayas sentido identificada con eso. Lo más probable es que no fuera tu deseo, pero incluso nuestros planes mejor trazados fallan de vez en cuando. ¿Amén? Qué maravilloso es saber que podemos pedirle a Dios que nos ayude a ser portadoras de bendiciones y no de desastres.

¿Cómo podemos hacerlo? Viviendo los mandamientos de Dios. Y es a través del tiempo en su Palabra como aprendemos cuáles son estas directrices. La Biblia nos enseña cómo amar y perdonar. Nos enseña a vivir con pasión y propósito. Desvela la compasión. Nos enseña a crear límites sanos. Y nos revela maneras importantes de marcar la diferencia en la vida de los demás cada día, ¡convirtiendo los días buenos en días *geniales*!

. . . .

Dios, dame poder a través de tus
mandamientos para vivir una vida que te
glorifique. En el nombre de Jesús. Amén.

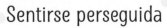

Sentirse perseguida

*Lo que más deseo es tu palabra. Me asusta
pensar que mis enemigos me desprecien.
Ponme a salvo y dame ánimo,
pues tú eres un juez justo.*
SALMOS 119.39 TLA

Puede ser muy difícil ser creyente en el mundo de
hoy. Tal como dice la Biblia, llegará un momento en el
que seremos perseguidas por ser seguidoras de Cristo.
Será un reto defender la verdad. Y necesitaremos la
fuerza y el consuelo de Dios para pasar esos momentos difíciles. Amiga, nunca dudes en pedirle ayuda.

Incluso cuando nos enfrentamos a las críticas del
mundo por honrar a Dios con nuestras elecciones, eso
no tiene por qué robarnos el gozo que puede traernos
cada día. Es una cuestión de perspectiva. Nuestros
espíritus pueden elevarse debido a la conexión que
tenemos con Dios, incluso si nuestros cuerpos y mentes están un poco rezagados. Podemos mantenernos
firmes con una mentalidad de triunfo, manteniendo
nuestros ojos en el panorama general, y confiando en
que Dios será nuestro defensor y restaurador.

*Dios, no permitas que me acobarde ante las
críticas. En cambio, permíteme activar mi fe y
encontrar mi determinación para mantenerme firme
como creyente. En el nombre de Jesús. Amén.*

Libertad plena

Puedo andar con toda libertad
porque sigo tus enseñanzas,
y siempre las cumpliré.
SALMOS 119.45 TLA

¿Qué tan diferente sería tu día si eligieras caminar con Dios en completa libertad? ¿Te liberaría de las relaciones basadas en el rendimiento? ¿Te evitaría medir tu valor según los criterios del mundo? ¿Te permitiría adorar a tu manera sin preocuparte por las críticas? ¿Te daría confianza para mostrar cuidado y compasión a los «más necesitados»?

Jesús bajó del cielo, murió en la cruz y resucitó tres días después para darte la libertad completa. Este regalo es tuyo si aceptas a Jesús como tu Salvador. Y cuando vives de otra manera que no sea en completa libertad, te robas a ti misma de su don perfecto. Antes de que tus pies toquen el suelo por la mañana, pídele a Dios que te dé el valor para abrazar la libertad que Dios te ha dado en todos los aspectos de tu día.

Dios, gracias por el don de la libertad completa a través de tu Hijo. Ayúdame a tomar la decisión de abrazar esa libertad con determinación y vivirla diariamente. En el nombre de Jesús. Amén.

Las promesas de Dios

Tus promesas me dan esperanza;
¡no te olvides de ellas!
Tus promesas me dan vida;
me consuelan en mi dolor.
Salmos 119.49–50 TLA

Cuando Dios hace una promesa, es una promesa cumplida. Él es simplemente incapaz de ir en contra de su palabra. Y sus promesas se encuentran en toda la Biblia. Desde Génesis hasta Apocalipsis, él es determinado y claro. Verás una y otra vez cómo Dios hizo lo que dijo que haría. Es más, podemos estar seguras de que esas promesas siguen siendo aplicables hoy en día.

Aquí es donde la cosa se complica y nos confundimos. Tenemos expectativas humanas sobre cómo nuestro Dios cumplirá las promesas establecidas. Le pedimos pensando en la respuesta que deseamos de él, olvidando que nuestros caminos no son sus caminos. Nuestros pensamientos no son sus pensamientos. Así que elegir estar en esperanza y confianza resultará en paz y consuelo.

. . . .

Dios, ayúdame a confiar en que cumplirás tus
promesas de la manera y en el momento adecuados.
Tus promesas me bendicen, y yo a cambio te
glorificaré. En el nombre de Jesús. Amén.

Cambiar nuestra forma de pensar

Dios mío,
por las noches pronuncio tu nombre;
quiero seguir tus enseñanzas,
pues es lo que me corresponde.
SALMOS 119.55–56 TLA

Muchos de nosotros pasamos noches en vela porque estamos estresados y preocupados. A menudo es en la tranquilidad de la noche cuando nuestra mente nos domina. Es cuando imaginamos finales y desenlaces horribles. Tumbados en la oscuridad, reproducimos los acontecimientos del día, analizando la situación hasta la saciedad. Y así creamos un mañana terrible.

Pero ¿qué pasaría si siguiéramos el ejemplo del salmista en el texto de hoy? ¿Y si cambiáramos nuestra línea de pensamiento de pensamientos ansiosos a pensamientos de Dios? Sería una elección intencional de cambiar nuestros corazones de todo lo que podría ir mal a la maravilla de Dios. Nos centraríamos en su bondad en lugar de en nuestro caos. En sus promesas en lugar de en nuestros problemas. Y sería un mañana estupendo.

* *

Dios, permite que cualquier frustración
nocturna me impulse a activar mi fe para
poder centrar mis pensamientos en ti en lugar
de en mí. En el nombre de Jesús. Amén.

Cuando necesitas
el consuelo de Dios

Ven con tu amor a darme ánimo, pues
soy feliz con tus enseñanzas. Yo medito
en ellas, así que cumple tu promesa.
Avergüenza a esos orgullosos que
sin motivo me hacen daño.
SALMOS 119.76–77 TLA

A veces solo se encuentra consuelo en las manos de Dios. El dolor es demasiado intenso. La pena es demasiado abrumadora. El miedo es demasiado fuerte. La preocupación es demasiado aplastante. Y nuestras almas saben que solo en sus brazos encontraremos la paz y el descanso que anhelamos desesperadamente.

A lo largo del día, dile a Dios que necesitas consuelo. Recuérdale las promesas que te ha susurrado o las que has leído en su Palabra, no porque Dios necesite que se las recuerdes, sino porque *tú* lo necesitas. Necesitas una dosis de esperanza. Necesitas estar rodeada de su verdad. Es a menudo en estos momentos cuando necesitamos recordar que Dios nos ama y está con nosotras.

Dios, necesito la bondad y el consuelo que silo tú das.
Abrázame con tu tierno amor para que me sienta
a salvo y segura. En el nombre de Jesús. Amén.

Liberarse de la presión

Todo en este mundo acabará;
¡solo tu palabra no tiene fin!
SALMOS 119.96 TLA

Elige vivir a diario con valentía según estas palabras. Y amiga, bájate de la rueda de la perfección que te hace esforzarte por cumplir con los estándares del mundo. Piensa en cómo calmaría tu corazón ansioso saber, *creer de verdad*, que no hay nada perfecto en este mundo imperfecto. Incluso en tu mejor día, te quedarás por debajo de alguna expectativa en alguna parte.

Hay una hermosa libertad en aceptar este mundo, y a la gente que hay en él, como imperfecto y defectuoso. Sinceramente, ¡nos libera de la presión! No tenemos que encajar en el molde o ser aceptados por la gente «de moda». En verdad, está bien mostrar tu fe, porque vivir según las pautas de Dios es bueno a los ojos de Dios. Y lo único perfecto en este mundo es su Palabra, que está viva y activa todos los días.

. . . .

Dios, ayúdame a dejar de presionarme para ser perfecta para el mundo. Las expectativas del mundo no son mi patrón de medida. En cambio, permíteme encontrar aceptación y amor a través de tu Palabra. En el nombre de Jesús. Amén.

¿Tu moral cede?

*Me he apartado de todo mal camino
porque quiero obedecer tu palabra.
No me he apartado de tu enseñanza
porque tú eres mi maestro.*
SALMOS 119.101–102 TLA

Lo más probable es que todos los días se te presenten oportunidades para doblegar tu moral. Entre el desayuno y la cena, hay innumerables tentaciones que se pasean por tu vida. Desde decir pequeñas mentiras piadosas hasta participar en catastróficos fracasos morales, es gracias a la Palabra de Dios como puedes mantenerte fuerte.

Cada elección que hagas para ser obediente al Señor será recompensada. Este es un poderoso concepto compartido a lo largo de la Biblia, y sigue siendo cierto hoy en día. El mundo alaba la flexibilidad, pero las verdades morales de la Palabra de Dios no se doblegan. Y eso es una gran noticia, porque no es un objetivo móvil. Sabes exactamente cómo hacer que sea un buen día que agrade al Señor.

. . . .

Dios, el deseo de mi corazón es obedecer tu Palabra. Dame valor para obedecer, incluso cuando sea difícil. Dame confianza para defender lo que es correcto, incluso cuando resulte impopular. En el nombre de Jesús. Amén.

Muy afligida

*Señor, me siento muy afligido; ¡dame
vida, conforme a tu promesa!*
Salmos 119.107 dhh

Amiga, ¿qué te tiene herida y destrozada hoy? ¿Qué te hace sentir abrumada? ¿No funciona el tratamiento prescrito? ¿Te ha amenazado tu marido con abandonar el matrimonio? ¿Te han despedido de un trabajo que querías mucho? ¿Has perdido a alguien y el dolor es demasiado grande? ¿Te mudas a otra ciudad, lejos de tus amigos y familiares? ¿Se ha descubierto el pecado que mantenías en secreto? ¿Te has quedado sin respuestas?

Lleva tu corazón herido y destrozado directamente a Dios, dejando que él insufle su aliento restaurador en tu alma cansada. Siéntate ante las Escrituras y observa cómo él te anima a través de la Palabra. Puede que estés sufriendo las heridas del mundo, pero al mismo tiempo puedes experimentar el gozo y la paz de Dios. Esto no niega tu dolor; solo te permite ver el panorama más amplio de lo que el Señor está haciendo en tu día.

* *

*Dios, usa tu Palabra para insuflarme vida de nuevo.
Necesito tu perspectiva divina para poder permanecer
en la victoria. En el nombre de Jesús. Amén.*

Envuelta en la Palabra de Dios

Pero a ti, Dios mío, te amo
y quiero seguir tus enseñanzas.
Tú me das refugio y protección;
tus promesas me llenan de esperanza.
SALMOS 119.114 TLA

La Palabra de Dios es sobrenatural. En sus páginas encontrarás una receta para lo que te aflige. Encontrarás aliento para dar el siguiente paso. Está llena de sabiduría y discernimiento para ayudar a guiarte a través de las cimas de las montañas y los valles. Aprenderás a tener dominio propio. Verás ejemplos de la fidelidad de Dios y te inspirarán historias que demuestran su inquebrantable fiabilidad. Habrá versículos que te desafiarán y otros que te traerán convicción. Y es donde Dios se revela a los que le aman.

Cada día, envuélvete en la Palabra de Dios. Deja que sea lo que afirme tu fe y te dé una perspectiva positiva. Si lo permites, el Señor llenará tu cesta de amor con su Palabra. Aún más, cuando dejes que su Palabra sea tu lugar de refugio, sanará los lugares rotos y restaurará tu energía. ¡La Biblia es lo mejor para el día a día!

. . . .

Dios, tu Palabra es un regalo para mí,
y la atesoraré cada día. En el nombre de Jesús.
Amén.

Sé una valiente amante de Jesús

Dame fuerza y seguiré con vida,
tal como lo has prometido;
¡no defraudes mi confianza!
SALMOS 119.116 TLA

Qué bendición para nosotras que Dios haya incluido este versículo en su Palabra. Es una súplica sincera que procede de un lugar real y crudo del corazón del salmista. Es un grito de auxilio, una súplica de un derramamiento de fuerza de Dios. No hay duda de que este escritor es un valiente amante de Dios. Qué petición tan agradable para sus santos oídos.

Es un reto ser atrevidas en un mundo poco proclive a aceptar a Jesús. A veces esa realidad nos lleva a esconder nuestra fe para evitar preguntas o el ridículo. Declaramos nuestro amor al Señor, pero no en público. Pero no es así como Dios quiere que vivamos. Amiga, ¡tienes la libertad de tener gozo en Jesús! Comienza tu mañana con la Biblia, y observa cómo se anima tu día.

. . . .

Dios, fortaléceme desde dentro para que pueda vivir
fiel y sin vergüenza para glorificar tu nombre sin
temor al hombre. En el nombre de Jesús. Amén.

Pueden coexistir

Cuando estoy afligido y en problemas,
tus mandamientos son mi alegría.
Tus leyes son siempre justas;
¡dame entendimiento y vida!
SALMOS 119.143–144 TLA

¿Lo has entendido? Es posible tener gozo en el Señor incluso cuando te sientes agobiada por la vida. ¡Puedes estar en la batalla de tu vida y todavía tener días buenos! Tu lucha en lo natural no tiene que interferir con la condición de tu corazón en lo espiritual. Pero a menudo decidimos que los dos no pueden coexistir. Perdemos la esperanza y nuestra fe flaquea. Y antes de que nos demos cuenta, esto se convierte en el comienzo de una mentalidad de víctima. Así es como justificamos vivir ofendidos. Mata nuestro entusiasmo por la vida.

Pero, amiga, Dios es más grande que cualquier problema que estés enfrentando hoy. Deja que él te dé una nueva revelación de su bondad. Pídele un entendimiento más profundo de la verdad y un gozo robusto por su Palabra. Escoge el gozo sobre la basura que te está deprimiendo.

• •

Dios, ¡mantén mis ojos enfocados en ti por encima
de todo lo demás! En el nombre de Jesús. Amén.

Dios está de tu lado

¡Ponte de mi parte, y rescátame!
¡Cumple tu promesa y dame ánimo!
SALMOS 119.154 TLA

Todos queremos tener gente a nuestro lado cuando las cosas se tuercen. Creemos que la unión hace la fuerza, así que reclutamos un equipo que nos apoye y valide. Queremos que otros defiendan nuestro nombre, nuestras ideas o nuestros intereses, sobre todo cuando nos sentimos agraviados. Pero no necesitamos ayuda mundana. Necesitamos la intervención divina. Dios es el único al que necesitas en tu equipo.

Él está listo para redimirte y revivirte cuando se lo pidas. Es una promesa, una garantía para los que le aman. Él es justo y bondadoso y traerá justicia a tus circunstancias. Así que no dudes en compartir con Dios los detalles de tu angustia. Pídele que te defienda, que corrija lo que ha salido mal. Y luego déjalo en sus manos mientras encuentras gozo y felicidad en tu día.

. . . .

Dios, qué alivio saber que estás de mi
lado. Es más, tú eres lo único que necesito.
En el nombre de Jesús. Amén.

Dios lo está arreglando todo

Y sabemos que Dios hace que todas las cosas cooperen para el bien de quienes lo aman y son llamados según el propósito que él tiene para ellos.
ROMANOS 8.28 NTV

No importa lo que estés afrontando hoy, ten fe en que las manos de Dios están trabajando en ello. Él siempre está en los detalles. Y lo que puede parecer insuperable a nuestros ojos no intimida ni un ápice a nuestro Padre celestial. De hecho, él tiene una forma sobrenatural de coreografiar los gozos y los problemas de nuestras vidas y crear algo bueno. Ni el mejor trabajador multitarea podría seguirle el ritmo.

He aquí por qué este tipo de noticias pueden alegrarnos el día: nos permiten mantener la esperanza de que nuestras luchas actuales no nos van a hundir. Podemos confiar en que Dios redimirá nuestras penas y les dará sentido. Como creyentes, tenemos un asiento en primera fila para verle obrar milagros en nuestros desastres. Por tanto, vivamos con gozo, sabiendo que Dios dispone cosas buenas y bellas cada día.

* *

Dios, ayuda a mi corazón a descansar en la verdad de que tú estás orquestando todo en mi vida para que confluya hacia algo bueno y hermoso. En el nombre de Jesús. Amén.

El Espíritu expresa
tus oraciones

*No sabemos qué quiere Dios que le pidamos en
oración, pero el Espíritu Santo ora por nosotros con
gemidos que no pueden expresarse con palabras.*
ROMANOS 8.26 NTV

No te enredes en la idea de que tus oraciones deben
ser perfectas. Puede que no siempre tengas las palabras más elocuentes. A veces tus oraciones pueden
consistir en un grito desde lo más profundo de tu
ser. Tal vez lo único que consigas decir es el nombre
de Jesús una y otra vez. Como el Espíritu está en el
corazón de los creyentes, tenemos un abogado para
articular nuestros ruegos imperfectos al Padre. El
Espíritu sabe exactamente lo que estamos tratando
de decir, cada detalle de lo que se está macerando
en nuestros corazones.

Cuando tu corazón esté agobiado, ora. No dejes
que la inseguridad o la falta de palabras te paralicen. Y
no intentes ser alguien que no eres cuando hablas con
Dios, buscando grandes palabras y frases melódicas.
Más bien, alégrate sabiendo que el Espíritu Santo
siempre llenará los vacíos.

. . . .

*Dios, ¡gracias por el don de tu Espíritu Santo
en mi vida! En el nombre de Jesús. Amén.*

No temas nada

¿Qué podemos decir acerca de cosas tan maravillosas como estas? Si Dios está a favor de nosotros, ¿quién podrá ponerse en nuestra contra? Si Dios no se guardó ni a su propio Hijo, sino que lo entregó por todos nosotros, ¿no nos dará también todo lo demás?
ROMANOS 8.31–32 NTV

A partir de hoy, deja que haya un poco de primavera a tu paso. Que una gran sonrisa se dibuje en tu cara. Que tus ojos brillen de alegría. Porque, amiga, si Dios está de tu lado, no tienes *nada* que temer.

Lo más probable es que ya lo hayas oído un millón de veces, pero asimílalo ahora mismo. En primer lugar, si eres creyente, Dios te guarda. Eso en sí mismo es digno de celebración. Pero gracias a que él está íntimamente involucrado en tu vida, el miedo no tiene poder en ella. Cuando recibas esa llamada telefónica, cuando tengas números rojos, cuando esa relación termine, o cuando llegue ese diagnóstico, recuerda que Dios está de tu lado. Él lo solucionará todo. Y vas a estar bien.

. . . .

Dios, no temeré nada, gracias a ti.
En el nombre de Jesús. Amén.

Nada de nada

*Y estoy convencido de que nada podrá jamás
separarnos del amor de Dios. Ni la muerte ni la
vida, ni ángeles ni demonios [...] nada en toda la
creación podrá jamás separarnos del amor de Dios,
que está revelado en Cristo Jesús nuestro Señor.*
ROMANOS 8.38–39 NTV

Aun cuando nuestro plan es amar a alguien para siempre, a menudo se interponen cosas que lo hacen imposible. La otra cara de la moneda también es cierta. Esperamos ser amadas sin condición, y se nos rompe el corazón cuando no es así. Todas hemos experimentado este tipo de dolor y llevamos las cicatrices que lo demuestran.

Por eso, cuando leemos versículos que prometen que nada va a separarnos del amor de Dios, puede ser difícil de creer. Nos condicionan las relaciones basadas en el rendimiento. Hemos sufrido el rechazo y el abandono de aquellos en quienes confiábamos. Si esto te toca, pídele a Dios que te muestre la verdad de su amor inquebrantable. Pídele un nivel de confianza más profundo. Y luego deja que su espíritu haga que tus días rebosen de confianza.

* *

*Dios, gracias porque nada puede separarnos. Haz que
esa hermosa promesa de aceptación plena florezca
en mi corazón. En el nombre de Jesús. Amén.*

Pedir discernimiento divino

Queridos hermanos, no crean ustedes a todos los que dicen estar inspirados por Dios, sino pónganlos a prueba, a ver si el espíritu que hay en ellos es de Dios o no. Porque el mundo está lleno de falsos profetas.
1 Juan 4.1 DHH

Que el discernimiento sea una petición diaria a Dios. Sin él, simplemente no tendremos la capacidad de discernir lo que está bien y lo que está mal. No sabremos cuándo seguir las sugerencias de alguien o apartarnos de ellas y huir. Y caeremos presa de la enseñanza equivocada de la Palabra de Dios. Terminaremos confiando en la interpretación de otra persona en lugar de pedir revelación al Señor. Amiga, el discernimiento divino nos evita seguir ciegamente a falsos maestros y predicadores mentirosos.

El objetivo de cada día debería ser acercarnos más a Dios. Como creyentes, debemos vivir con un gozo que el mundo no puede igualar. Nuestras palabras y acciones deben resaltar nuestro amor por Dios y señalar hacia él en el cielo. Y tener discernimiento ayuda a que esto fructifique, dándonos días gloriosos y fructíferos en relación con él.

• •

Dios, ayúdame a discernir quién y qué te glorifica y quién y qué no. En el nombre de Jesús. Amén.

Sin lugar para el temor

Donde hay amor no hay miedo. Al contrario, el amor perfecto echa fuera el miedo, pues el miedo supone el castigo. Por eso, si alguien tiene miedo, es que no ha llegado a amar perfectamente.
1 JUAN 4.18 DHH

Cuando tu corazón está lleno de la verdad del amor de Dios por ti, eso produce valentía. El miedo pierde su control porque sabes que Dios aparecerá. Intentas cosas nuevas. Defiendes las injusticias y hablas, abogando por una vida recta. Gracias a la fe, confías en que Dios está haciendo que todas las cosas sean para tu bien, dándote valor para seguir el camino que él ha puesto ante ti. Y, amiga, te sienta bien.

Vivir con miedo no hará más que arruinar tu día. Te hace ineficaz para el reino. Te hace dudar de la soberanía y la bondad de Dios. Te mantiene estancada e incapaz de cumplir el llamado en tu vida. El miedo *no* es para los creyentes. Deja que Dios te revele la profundidad de su amor, ¡y vive con pasión y propósito!

* *

Dios, no hay lugar para el miedo en mi vida porque soy plenamente amada por ti. En el nombre de Jesús. Amén.

El reto de amar a los demás

Jesucristo nos ha dado este mandamiento: que el que ama a Dios, ame también a su hermano.
1 JUAN 4.21 DHH

¿Nunca has pensado que es fácil amar a Dios pero no a su pueblo? Somos difíciles porque somos personas imperfectas, que vivimos en un mundo imperfecto, tratando de navegar por los altibajos de nuestras relaciones imperfectas. Aunque no siempre entendemos la voluntad de Dios o sus caminos, a menudo es más fácil dirigir nuestro corazón hacia Dios gracias a nuestra fe. Su pueblo, sin embargo, es otra historia. A menudo son las razones por las que nos sentimos no amadas, inseguras e inadecuadas. Y así, para protegernos, nos cerramos a la comunidad.

Pero no podemos amar a Dios y no a su pueblo. Van juntos. Quien afirme lo contrario, sencillamente se equivoca. Cuando realmente entendamos esto, nos dará una nueva perspectiva para vivir cada día. Aprenderemos a ver a los demás a través de los ojos de Dios, a menudo porque lo hemos pedido a través de la oración. Nuestros corazones se volverán compasivos y se preocuparán por todos porque hemos elegido aceptar el paquete completo.

* *

Dios, dame el deseo de amar a todos tal como tú lo ordenas. En el nombre de Jesús. Amén.

Aquí para anunciar

Pero ustedes son miembros de la familia de Dios,
son sacerdotes al servicio del Rey, y son su pueblo.
Dios mismo los sacó de la oscuridad del pecado,
y los hizo entrar en su luz maravillosa. Por eso,
anuncien las maravillas que Dios ha hecho.
1 PEDRO 2.9 TLA

El versículo de hoy es importante y debería estar en la punta de la lengua de todo creyente. No solo consolida nuestra identidad, sino que también revela nuestra vocación. Afirma quiénes somos y por qué seguimos en el planeta Tierra. Cada vez que dudes de que estás aquí a propósito y para un propósito, revisa este pasaje. Tranquilizará tu corazón ansioso y reforzará tu confianza.

La conclusión es que Dios te levantó para que pudieras mostrar a otros sus maravillas. A través de tu sanidad y restauración, el plan del Señor es que compartas tu testimonio a aquellos que quieran escuchar. Dios quiere que las circunstancias de tu vida difundan su bondad. Él te eligió para vivir cada día al máximo, animando a otros a abrazar la fe.

. . . .

Dios, úsame a mí y a mi vida. Soy tuya.
En el nombre de Jesús. Amén.

Nunca solas

Resistan los ataques del diablo; confíen
siempre en Dios y nunca duden de él. Ya saben
que en todo el mundo otros seguidores de
Cristo están sufriendo como ustedes.
1 Pedro 5.9 TLA

A menudo nos sentimos solas en la batalla. Es una experiencia que nos aísla porque suponemos que los demás no pueden entender lo que estamos pasando. Pueden traernos la comida, sentarse con nosotros en el juzgado, ayudarnos en las citas con el médico y orar con fervor. Pero aun así acabamos sintiéndonos solas.

Lo que cambia esa mentalidad es la asombrosa verdad de que hay otros creyentes alrededor del mundo experimentando las *mismas* cosas. Están enfrentando los *mismos* problemas que tú. Con lo que tú estás luchando, ellos también están luchando. Así que no andes pensando que tu situación es única, porque no lo es. Y amiga, ¡eso es una bendición! No estás sola. Que eso fortalezca tu determinación de mantenerte firme contra toda fuerza maligna, porque estás uniendo tus brazos con otros en l misma situación.

. . . .

Dios, qué regalo saber que no estoy sola.
Gracias por el recordatorio de que estamos
en juntos. En el nombre de Jesús. Amén.

La bendición de la brevedad

*Pero después de que ustedes hayan sufrido por
un poco de tiempo, Dios hará que todo vuelva a
estar bien y que ustedes nunca dejen de confiar en
él; les dará fuerzas para que no se desanimen, y
hará que siempre estén seguros de lo que creen.*
1 PEDRO 5.10 TLA

¡Qué hermosa bendición tiene ser creyente! Sabemos
que el sufrimiento forma parte de la experiencia humana. A lo largo de las Escrituras se nos ha dicho que
nuestras expectativas deben incluir las dificultades y
problemas. Sabemos que la vida es dura, trae dolor
y no es justa. Pero lo que a veces olvidamos es la
bendición de la brevedad.

La Palabra de Dios es clara al decir que nuestro
sufrimiento será de corta duración. Es transitorio.
Nuestras luchas no durarán para siempre. Y por otro
lado, seremos restauradas y hechas más fuertes. Eso
significa que hay un propósito en el dolor que debemos soportar en la tierra. No tenemos por qué estar
deprimidas, tristes y sin alegría, porque sabemos que
este caos momentáneo nos dará un magnífico mensaje
de la gracia y amor de Dios al final.

*Dios, gracias por la bendición de la brevedad y el don
de la restauración. En el nombre de Jesús. Amén.*

Entregárselo a Dios

*Así que pongan sus preocupaciones en las manos
de Dios, pues él tiene cuidado de ustedes.*
1 PEDRO 5.7 TLA

Cuando aligeras tu carga emocional, te liberas para disfrutar de todas las cosas buenas que te traerá el día. Dios te invita a dejar todas tus preocupaciones y tensiones a su cuidado. Deja que sea el Señor quien resuelva los detalles. Confía en que él arreglará las circunstancias caóticas para tu bien y su gloria. A fin de cuentas, no hay nada que puedas hacer que él no pueda hacer mejor.

Dios se preocupa muy intensamente por ti, amiga. Él no te diseñó para que llevaras la carga sola. Él entiende los límites que enfrentas y dónde está tu punto de resistencia máxima. Y, por su amor incomparable, él promete quitarte la carga de los hombros para que seas libre de vivir con pasión y propósito. Tendrás margen para amar a los demás. Y tu corazón no se endurecerá, sino que permanecerá tierno ante las necesidades que te rodean.

. . . .

*Dios, dejo mis preocupaciones y tensiones
porque ya no puedo soportar su peso por más
tiempo. En el nombre de Jesús. Amén.*

Mantente alerta

Estén siempre atentos y listos para lo que venga,
pues su enemigo, el diablo, anda buscando a quien
destruir. ¡Hasta parece un león hambriento!
1 Pedro 5.8 tla

La forma más rápida de arruinar un hermoso día es bajar la guardia. Las Escrituras nos dicen que estemos alerta porque el enemigo siempre está buscando maneras de traer el caos y el pánico a tu vida. Y cuando tu fe vacila, eres un blanco fácil.

Esto no pretende asustarte ni crearte ansiedad. Por el contrario, que sea un poderoso recordatorio del plan de batalla del creyente. Dios quiere que permanezcamos conectados a él pasando tiempo en la Palabra y la oración. Comenzar cada día en su gloriosa presencia ayuda a poner un cerco de protección a nuestro alrededor para que no seamos fácilmente engañados por el diablo. Pídele a Dios espíritu de discernimiento para que puedas ver la verdad de cada situación. Y pídele contentamiento y paz para disfrutar cada día con los ojos bien abiertos.

* *

Dios, ayúdame a estar alerta para evitar que
el enemigo me engañe. Y al mismo tiempo,
permíteme vivir con felicidad sabiendo que tú eres
mi protector. En el nombre de Jesús. Amén.

Solo por gracia

Ustedes han sido salvados porque aceptaron el amor de Dios. Ninguno de ustedes se ganó la salvación, sino que Dios se la regaló. La salvación de ustedes no es el resultado de sus propios esfuerzos. Por eso nadie puede sentirse orgulloso.

EFESIOS 2.8–9 TLA

Qué alivio saber que nuestra salvación *no* depende de nuestras acciones. La verdad es que ninguno de nosotros llegaría a la eternidad si se nos dejara a nuestra suerte. ¿Amén? Nada impuro o profano puede estar en la presencia de Dios. Esto significa que nuestra naturaleza pecaminosa nos descalifica, razón por la cual Dios envió a Jesús a pagar el precio de la redención. Su sangre nos limpió y nos hizo aceptables. Y así, es por la gracia de Dios como hemos sido salvadas. Esto debería hacerte sonreír.

Cada día, deja que el agradecimiento sea lo que te impulse a buscar la rectitud. No porque te lleve al cielo, sino porque señala la mano de Dios en tu vida. ¿Y quién sabe? Esa podría ser la razón exacta por la que alguien decida convertirse en creyente.

* *

Dios, gracias por tu gracia. En el nombre de Jesús. Amén.

No te asocies con la mentira

Pues somos la obra maestra de Dios. Él nos creó de nuevo en Cristo Jesús, a fin de que hagamos las cosas buenas que preparó para nosotros tiempo atrás.

EFESIOS 2.10 NTV

El mundo está lleno de oportunidades para enredarnos en falsedades que nos hacen dudar de nuestra bondad. Nos sentimos invisibles e ignoradas. Tal vez nuestro matrimonio fracasó o nos despidieron del trabajo. Tal vez nos sentamos en casa cada fin de semana esperando una invitación. O quizá hemos fracasado en algo importante. La vida tiene una manera de golpearnos en el estómago y dejarnos con el sentimiento de ser inútiles.

Es hora de romper con estas mentiras. Las hemos escuchado demasiado tiempo. Seguimos dando vueltas a la montaña, y es hora de seguir adelante. Elijamos romper el ciclo habitual para siempre. Amiga, parte de vivir una vida de fe es abrazar la verdad de lo que somos para Dios. Deja que las dulces palabras del versículo de hoy se graben en tu ADN; luego, sonríe y sal a disfrutar de tu mejor día.

. . . .

Dios, ayúdame a creer que soy quien tú dices que soy y tener confianza para disfrutar de la vida. En el nombre de Jesús. Amén.

¿Tienes estos rasgos?

Cuanto más crezcan de esta manera, más productivos y útiles serán en el conocimiento de nuestro Señor Jesucristo; pero los que no llegan a desarrollarse de esta forma son cortos de vista o ciegos y olvidan que fueron limpiados de sus pecados pasados.

2 Pedro 1.8–9 NTV

Los «rasgos» mencionados anteriormente son la virtud, la fe, el conocimiento, la disciplina, la paciencia, la piedad, el afecto fraternal y el amor. Debemos esforzarnos por alcanzar estos rasgos mediante la fe. No son fáciles, y sin duda requieren la ayuda diaria de Dios para llevarlos a buen término. Pero tenerlos nos mantiene en el camino correcto de hacer cosas buenas para el reino y construir nuestra relación con Dios. Sin ellos, la fe flaqueará, y abrazaremos una vida de pecado sin arrepentimiento... otra vez.

Hoy, examina estos rasgos en ti misma. ¿Cómo se ven en tu vida? ¿Hay cosas que necesitas cambiar? ¿Necesitas la ayuda de Dios en ciertas áreas? Cuando vives una vida justa, eso se refleja en todo lo que haces. Es hermoso. Y es el deseo de Dios para tu vida.

* *

Dios, haz crecer estos rasgos en mí hasta que sean maduros y fuertes. En el nombre de Jesús. Amén.

Anhelar su presencia
más que el dinero

*No amen el dinero; estén contentos con
lo que tienen, pues Dios ha dicho:
«Nunca te fallaré. Jamás te abandonaré».*
HEBREOS 13.5 NTV

No hay nada malo en tener dinero; es la forma de
llegar a fin de mes. Y Dios decide quién lo tiene en
abundancia y quién vive mes a mes. El problema viene
cuando lo *ansiamos*. Cuando el dinero se convierte en
un ídolo que adoramos, se convierte en un problema.
Cuando siempre queremos más, descontentos con
nuestra situación actual, no es saludable. Pero, amiga,
hay algo que satisface mejor que el dinero. Es saber
que la presencia de Dios está siempre contigo.

Piénsalo. El Dios de la creación pasa tiempo contigo. El que viajó con los israelitas por el desierto nunca
se separa de ti. El Dios que dio a Noé los planos de
construcción, que ordenó al pez que se tragara a Jonás
y el que estuvo clavado en la cruz pasa cada segundo
junto a ti. Eso hace que cada día sea el mejor de todos.

*Dios, haz que siempre anhele tu presencia por
encima del dinero. En el nombre de Jesús. Amén.*

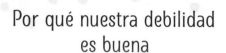

Por qué nuestra debilidad es buena

Pero Dios me ha contestado: «Mi amor es todo lo que necesitas. Mi poder se muestra en la debilidad». Por eso, prefiero sentirme orgulloso de mi debilidad, para que el poder de Cristo se muestre en mí.

2 Corintios 12.9 TLA

Parece contradictorio celebrar nuestras debilidades. ¿Por qué habríamos de alegrarnos de nuestras carencias o de nuestros fracasos? ¿Y por qué aplaudir el hecho de no ser lo bastante fuertes para superar el día? Pero mirar a través de la fe revela algo magnífico. Muestra que, cuando nos sentimos débiles, somos capaces de sentir el poderoso poder del Señor en nosotras. Nuestras debilidades son motivo de celebración.

Si te lo permites, esta revelación te liberará y podrás vivir con libertad. Disfrutarás más de la vida porque no estarás intentando ser alguien que no eres. No te amargará cometer errores. Y tendrás un pase libre para salir de la rueda del rendimiento. Así que celebra la debilidad porque en ella experimentarás una conciencia más profunda de Dios.

· ·

Dios, estoy agradecida porque mi debilidad no me descalifica, sino que permite que tu poder fluya a través de mí. En el nombre de Jesús. Amén.

Dios sabe

El Señor sabe librar de la prueba a los que
viven entregados a él, y sabe tener a los
malos bajo castigo para el día del juicio.
2 PEDRO 2.9 DHH

«Dios sabe». Esas dos palabras son las que mejor me hacen pasar el día. ¿Por qué? Porque te quitan la presión de intentar resolver las cosas por ti misma. Cuando la batalla es dura, mira a Dios para que te saque adelante. Cuando la aflicción es grande, Dios sabe cómo aliviarte. Cuando te sientas rodeada por el enemigo, Dios evitará que te aplasten. Él sabe cómo rescatarte.

Como creyente, Dios es tu defensor, sin importar lo que el día te traiga. Ya sean problemas, pruebas o tentaciones, él sabe lo que hace. Así que quítate la presión de encima y deja que Dios sea Dios. Esta poderosa promesa bendice el corazón de los que están en la fe y construye el testimonio de su bondad para compartir con los que te rodean.

. . . .

Dios, no tengo que tener el control, porque tú
conoces los entresijos de cada situación que se
me presenta. Por favor, rescátame con tu mano
poderosa. En el nombre de Jesús. Amén.

El rico conocimiento de Dios

*Le pido a Dios que los ame mucho y les permita
vivir en paz, y que ustedes estén siempre dispuestos
a conocer más a Dios y a nuestro Señor Jesús.*
2 PEDRO 1.2 TLA

Tu mejor día comienza pasando tiempo con Dios primero. Reconocerle por la mañana te ayuda a prepararte para afrontar cualquier tormenta que se te presente. Sus misericordias son nuevas. Tu corazón está lleno. Has pasado tiempo orando, confesando, pidiendo y alabando. Y la Palabra de Dios es como una armadura que te cubre con poderosas verdades. Estás preparada para todo.

Así es como vives en el rico conocimiento del Señor, porque hacer crecer tu fe requiere tiempo y esfuerzo concertados. Es elegir ser disciplinada. Y no lo motiva el legalismo, sino un profundo amor a Dios. Simplemente quieres conocerle mejor. Con cada paso que des hacia el Señor, experimentarás gracia y paz en abundancia. Por eso tus días pueden ser grandiosos aunque estén hechos un desastre.

* *

*Dios, quiero tener un rico conocimiento de ti.
Quiero que mi fe crezca y madure cada día. Pon
en mi corazón un profundo deseo de conocerte
mejor. En el nombre de Jesús. Amén.*

Cuando te sientes olvidada

De acuerdo con su plan, Dios el Padre decidió elegirlos a ustedes, para que fueran su pueblo. Y por medio del Espíritu Santo y de la muerte de Jesucristo, Dios los ha limpiado de todo pecado, para que lo obedezcan. Deseo que Dios los ame mucho y les permita vivir en paz.
1 PEDRO 1.2 TLA

Es difícil tener confianza cuando te sientes dejada de lado. La realidad es que queremos que nos amen. Queremos que nos aprecien. Queremos que se fijen en nosotras, que nos vean y nos escuchen. Queremos que nuestros pensamientos y sentimientos importen. Queremos que nos busquen. Y cuando nos sentimos olvidadas, especialmente por aquellos que nos importan, eso nos afecta. Se manifiesta como amargura, timidez o depresión. En cualquier caso, es brutal para nuestro corazón.

Por eso el versículo de hoy es maravilloso. Aunque te sientas olvidada, Dios te dice que eres escogida. Amiga, has sido apartada para ser suya. En el panorama general, no importa lo que el mundo piense, porque su Creador ve tu valor inconmensurable. Deja que este sea el fundamento de tu confianza. ¡Ahora sal y brilla!

. . . .

Dios, ¡gracias! En el nombre de Jesús. Amén.

Mejor bendecir

*Si alguien les hace algo malo, no hagan
ustedes lo mismo [...] pídanle a Dios que
bendiga a esas personas, pues él los eligió
a ustedes para que reciban bendición.*
1 Pedro 3.9 TLA

Sí, la Biblia aborda esas tentaciones de venganza que sentimos como mujeres. Y, sinceramente, deberíamos alegrarnos, porque no hay nada más peligroso que una mujer a la que pinchan en el momento equivocado. A veces las nubes oscuras reemplazan a los cielos que antes eran azules y hacen que nuestros días se estropeen. Es en esos momentos cuando tenemos que tomar una decisión precipitada. Y si nuestros corazones no están empapados en la Palabra de Dios, nuestro deseo carnal de tomar represalias prevalecerá.

Pasar tiempo con el Señor nos permite respirar hondo cuando nos han agraviado. La fe madura nos impide devolver el insulto. ¿Por qué? Porque recordaremos la bendición prometida por Dios. La elección de amar a los que no son amables y perdonar lo imperdonable tiene su recompensa. Las nubes no podrán cubrir el cielo azul, porque nuestros días no se verán arruinados por la mezquindad.

- -

*Dios, ayúdame a bendecir en lugar de maldecir
cada vez. En el nombre de Jesús. Amén.*

Es la raíz

Pues el amor al dinero es la raíz de toda clase
de mal; y algunas personas, en su intenso deseo
por el dinero, se han desviado de la fe verdadera
y se han causado muchas heridas dolorosas.
1 TIMOTEO 6.10 NTV

Anhelar lo que ofrece el dinero es un camino que no lleva a ninguna parte. La Escritura dice que en el amar al dinero es donde comienza todo tipo de maldad. Quitamos nuestros ojos de lo que es *santo* y ponemos nuestro enfoque en las cosas terrenales, que son *vanas*. Cualquier placer que las cosas terrenales traen eventualmente comienza a filtrarse hasta que nuestros corazones están vacíos una vez más. El dinero y lo que este compra no pueden satisfacer por mucho tiempo. Y a menudo a causa de ello ponemos en compromiso lo que sabemos que es correcto.

Fija tus ojos en el premio de la eternidad cada día. Que tu corazón se llene de ambiciones divinas, asegurándote de que tus prioridades se alinean con las que Dios bendice. El objetivo no es ser rica en tesoros terrenales, sino ser rica en tesoros eternos.

• •

Dios, mantén mis ojos en lo que es santo.
En el nombre de Jesús. Amén.

Es hora de salir victoriosas

*Finalmente, dejen que el gran poder de
Cristo les dé las fuerzas necesarias.*
EFESIOS 6.10 TLA

Como creyente, tienes todo lo que necesitas para salir victoriosa. Se acabaron los días en los que te rendías y te sentías derrotada. No más revolcarse en la autocompasión, haciéndose la víctima. Debes dejar de repetirte las ofensas una y otra vez en tu mente. Amiga, estás sobrenaturalmente impregnada de fuerza gracias a Jesús. No importa lo que enfrentes en la vida, puedes manejarlo.

Es hora de que te levantes y aceptes los dones que Dios te ha dado. Puedes tener una vida llena de excusas, pero quedan anuladas una vez que aceptas a Jesús como tu Salvador. A través de él, tienes un poder explosivo que fluye en ti y a través de ti. Así que sé valiente en tu fe, y vive con pasión y propósito, confiando en que él te dará todo lo que necesitas para cumplir con tu llamado.

* *

*Dios, sé que es hora de alzarme victoriosa.
Ayúdame a abrazar esta hermosa bendición cada
día de mi vida. En el nombre de Jesús. Amén.*

¡Ármate!

*Por lo tanto, pónganse todas las piezas de
la armadura de Dios para poder resistir al
enemigo en el tiempo del mal. Así, después de
la batalla, todavía seguirán de pie, firmes.*
EFESIOS 6.13 NTV

No es exagerado creer que estamos en «tiempos
malvados». Estamos presenciando cosas que nunca
pensamos que veríamos. Estamos viendo la ruptura
de la unidad familiar en proporciones épicas. Hemos
estado en el proceso de eliminar a Dios de nuestras
escuelas y gobierno, y hay más eliminaciones en camino. Estamos viendo que lo correcto es incorrecto y
lo incorrecto es correcto, y está causando confusión
y caos. Y a menudo nos sentimos impotentes para
hablar por miedo a ser vetadas.

Amiga, el mundo no se está cayendo a pedazos;
está cayendo en su lugar. Estas cosas *deben* suceder de
acuerdo a la Palabra de Dios. Por eso es vital ponerse
toda la armadura de Dios todos los días. Así que pasa
tiempo con el Señor, ármate, vístete con tu sonrisa,
y ve a ser la luz del mundo.

· ·

*Dios, te agradezco que seas mi protector y
me proporciones la armadura que necesito
para afrontar cada día con confianza y
valentía. En el nombre de Jesús. Amén.*

Ora siempre

Oren en el Espíritu en todo momento y en toda ocasión. Manténganse alerta y sean persistentes en sus oraciones por todos los creyentes en todas partes.

<small>EFESIOS 6.18 NTV</small>

El versículo de hoy da una orden muy clara para cada creyente, y es ser una guerrera de oración. Debemos tomarnos la oración en serio y darle su valor. No es algo que se hace una vez. Por el contrario, es un compromiso de llevar nuestros desafíos y luchas directamente a Dios. Es una inversión en nuestra relación con el Padre, y es una conversación continua.

Así que, amiga, ¡ora! Ora por todo lo que te venga al corazón: lo bueno, lo malo y lo feo. Ora por tus necesidades; ora por tus amigos y tu familia; ora por tu ciudad y tu nación; y ora por el pueblo de Dios en todo el mundo. Invitar a Dios a tu día creará un gozo y una paz incomparables con cualquier otra cosa.

. . . .

Dios, me encanta poder hablar directamente contigo a través de la oración en cualquier momento y en cualquier lugar. Gracias por querer escuchar los detalles de mi vida. En el nombre de Jesús. Amén.

Las estrategias del diablo

*Pónganse toda la armadura de Dios
para poder mantenerse firmes contra
todas las estrategias del diablo.*
EFESIOS 6.11 NTV

El enemigo siempre está buscando la manera de causar problemas y angustia. Él camina por el perímetro de tu vida, buscando las grietas y aberturas, siempre planeando oportunidades para traer destrucción. Sus planes para ti nunca son buenos. Por eso Dios, en su gran amor y compasión, nos dice que nos pongamos toda su armadura.

¿Dónde eres más vulnerable ahora mismo? ¿En las relaciones o en las finanzas? ¿En la crianza de tus hijos o en el proceso de envejecimiento de tus padres? ¿Son altas tus emociones y baja tu capacidad de confiar en Dios? Háblale de estas cosas y luego decídete a armarte cada día. Y ten presente que, sean cuales sean los planes del diablo, Dios *siempre* los utilizará para tu bien. Así que mantén la cabeza alta y sé positiva. El Señor está contigo y por ti.

. . . .

*Dios, me tranquiliza saber que siempre
utilizarás los planes del enemigo para mi
beneficio y tu gloria. Tú realmente piensas
en todo. En el nombre de Jesús. Amén.*

No solo de carne y hueso

Pues no luchamos contra enemigos de carne y hueso, sino contra gobernadores malignos y autoridades del mundo invisible, contra fuerzas poderosas de este mundo tenebroso y contra espíritus malignos de los lugares celestiales.

EFESIOS 6.12 NTV

Cuando alguien haga un comentario grosero, sacuda el puño con rabia o se burle de ti en público, respira hondo. Cuando tu amiga te traicione, tu hijo te desobedezc constantemente o tu marido te abandone, pídele a Dios que te revele lo que está pasando. Aunque sus acciones calan hondo, el enemigo no es la persona que está frente a ti. Las Escrituras dicen claramente que nuestra lucha está también en el reino espiritual.

Por supuesto, sus acciones tienen consecuencias naturales. Pero es importante recordar que tenemos un enemigo que busca destruir y devorar, y que utilizará a otros para su causa. Así que pídele a Dios cada día discernimiento y sabiduría para saber quién es tu enemigo y quién no lo es. Deja que Dios te ofrezca una perspectiva, te oriente y te traiga sanidad.

• •

Dios, estoy muy agradecida de que tú lo veas todo y lo sepas todo. En el nombre de Jesús. Amén.

La magnificencia de Dios

Y cuando vengan las pruebas,
no permitas que ellas nos aparten de ti,
y líbranos del poder del diablo.
MATEO 6.13 TLA

Empieza el día reconociendo la magnificencia de Dios. Medita sobre la bondad que has visto de él en tu vida y en la de tus seres queridos. Hazle saber a Dios cuánto aprecias su compasión inquebrantable. Reconoce la soberanía del Señor. Muestra gratitud por las maneras en que él te equipa para atravesar los altibajos de la vida. Y agradece a Dios por su poder y gloria incomparables y por cómo te bendice a través de ellos.

Este acto de adoración pone tu corazón en la posición correcta. Te recuerda sus maravillas, todas las veces que él cumplió. Así, cuando las pruebas y tribulaciones vienen a lo largo del día, ya estás empapada en su Verdad. Confías en que Dios te rescatará. Y el plan del enemigo para dañarte fracasará.

* *

Dios, me encanta recordar cómo me has salvado
y restaurado. ¡Eres realmente magnífico! Confío
en ti para que me rescates de todo mal, en todo
momento. En el nombre de Jesús. Amén.

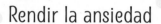

Rendir la ansiedad

¡Ríndanse! ¡Reconozcan que yo soy Dios!
¡Yo estoy por encima de las naciones!
¡Yo estoy por encima de toda la tierra!
SALMOS 46.10 DHH

No dejes que la preocupación y la ansiedad te arruinen el día. Porque lo harán. Lo más probable es que ya lo hayan hecho. Y a veces ni siquiera nos damos cuenta de que nos estamos ahogando en nuestras preocupaciones. Para muchas, la ansiedad es una compañera constante y la lente con la que vemos nuestras vidas. Y Dios quiere que la rindamos.

Cuando nos aferramos a la ansiedad, le estamos diciendo al Señor que no necesitamos ayuda. Estamos eligiendo no confiar en su poder y fuerza. Y estamos dejando que nuestra preocupación arruine la vida para la que fuimos creados. Lo único que hace es quitarte la energía y el disfrute del día. Amiga, deja que Dios sea Dios. Pídele que intervenga de manera significativa, llenándote de paz para que tu corazón pueda ser libre para vivir y amar bien.

* *

Dios, confieso que me he aferrado a la ansiedad en lugar de confiar en ti, y no puedo seguir haciéndolo. Ayúdame a soltar mis preocupaciones en tus buenas manos, sabiendo que tú me liberarás para vivir libre de enredos. En el nombre de Jesús. Amén.

Una ayuda comprobada

Nuestro Dios es como un castillo que nos brinda protección. Dios siempre nos ayuda cuando estamos en problemas.

SALMOS 46.1 TLA

Es una bendición servir a un Dios que siempre está disponible. Ya sean las dos de la mañana o las dos de la tarde, el Señor está listo y dispuesto a escucharte y ayudarte. A veces pensamos que nuestra necesidad más apremiante es demasiado insignificante para presentársela a Dios. Nos preocupa que él tenga cosas más importantes que hacer, y que nuestra petición no sea nada importante. Pero eso, sencillamente, no es buena teología.

Dios es omnipresente y omnipotente, lo que significa que está presente en todas partes y es todopoderoso. Él puede prestar toda su atención a todos al mismo tiempo. Así que, cuando necesites un lugar seguro y poderoso de refugio o ayuda en tiempos difíciles, ora. Tendrás una reunión privada con él. Dile a Dios exactamente lo que necesitas. Porque, con seguridad, él nunca te ha fallado. ¡Él es una ayuda comprobada!

· ·

Dios, cuando esté en medio del desorden, recuérdame que tú eres mi ayuda comprobada. En el nombre de Jesús. Amén.

Fe inquebrantable

Aunque tiemble la tierra
y se hundan las montañas
hasta el fondo del mar;
aunque se levanten grandes olas
y sacudan los cerros con violencia,
¡no tendremos miedo!
SALMOS 46.2–3 TLA

¡Que esta declaración sea tuya! Tienes un propósito en el planeta tierra, y el miedo tiene el potencial de arruinarlo. Cada día es una oportunidad para promover el nombre de Jesús. Tener miedo te lo impedirá. Y si permites que el miedo te desanime y te deprima, tu testimonio sufrirá. Tú eliges si vives en victoria o en derrota. Depende de ti si tus días son buenos o malos.

Pídele a Dios que te dé el tipo de fe que no se erosiona cuando soplan vientos y olas. Sé inquebrantable en tu creencia de que él cumplirá. Cuando sientas que comienzan los temblores y las sacudidas, deja que Dios mantenga erguida tu espalda mientras tú permaneces firme. Cuando la vida comience a desmoronarse, deja que Dios fortalezca tu estructura de confianza. No temas, amiga mía.

* *

Dios, ¡haz que mi fe sea insobornable!
En el nombre de Jesús. Amén.

Dios puede

Vengan, vean las obras gloriosas del Señor:
miren cómo trae destrucción sobre el mundo.
él hace cesar las guerras en toda la tierra;
quiebra el arco y rompe la lanza
y quema con fuego los escudos.
SALMOS 46.8-9 NTV

Si Dios puede cesar las guerras en cualquier parte del mundo, puede cambiar cómo va tu día. Si él puede quebrar las armas, puede intervenir cuando tus circunstancias empiezan a ir mal. Dios puede detener las discusiones que surgen de conversaciones difíciles. Puede cambiar tu estado de ánimo con un chasquido de dedos. Nada es demasiado para él.

Así que, sabiéndolo, pon tus ojos en Dios. No tardes en clamar por su ayuda a la primera señal de problemas. El Señor entiende las fuerzas que vienen contra ti, y él sabe lo que tiene que suceder a continuación. Tratar de resolver las cosas por ti misma es contraproducente, especialmente porque Dios es poderoso y está dispuesto a intervenir y traer una solución en este momento.

Dios, te agradezco que conozcas los pormenores de cada situación a la que me enfrento. Permíteme someterme siempre a tu autoridad. En el nombre de Jesús. Amén.

Contentas

Después de todo, no trajimos nada cuando vinimos
a este mundo ni tampoco podremos llevarnos
nada cuando lo dejemos. Así que, si tenemos
suficiente alimento y ropa, estemos contentos.
1 TIMOTEO 6.7–8 NTV

Tenemos todas las razones para estar contentos, pero a veces lo olvidamos. Olvidamos que Dios es todo lo que necesitamos porque él provee para nuestras necesidades. Olvidamos que estamos simplemente de paso en nuestro camino a la eternidad, por lo que este mundo no tiene ningún valor en nuestros corazones. Olvidamos que no tenemos que estar a la moda y hacer dinero para ser felices. En pocas palabras, olvidamos quién es Dios para nosotras. Y todas lo hemos hecho alguna vez.

Vivamos cada día con el corazón satisfecho. Encontremos gozo en las pequeñas cosas. Recordemos que nada terrenal es comparable con lo celestial. Y recordemos que vinimos a este mundo sin nada, y que nos iremos con lo mismo. Eso nos libera para buscar nuestra satisfacción solo en Dios. Vivir con esa mentalidad nos traerá días hermosos.

. . . .

Dios, mi satisfacción se encuentra solo
en ti. En el nombre de Jesús. Amén.

Cosas que romper

Quítame la mancha del pecado, y quedaré limpio.
Lava todo mi ser, y quedaré más blanco que la nieve.
Ya me hiciste sufrir mucho; ¡devuélveme la felicidad!
SALMOS 51.7–8 TLA

Todas necesitamos que Dios rompa algunas cosas dentro de nosotras. Hay pecado que necesita ser convertido en polvo para que se lo lleve el viento. Necesitamos que ciertas corrientes de pensamiento sean expulsadas. Y Dios es en quien podemos confiar para enderezar las cosas en nosotros. Cualquier trabajo duro que haga el Señor para renovarnos lo hace con amor. Él purifica de una manera que nos hace sentir validadas y dignas. Hay paz a través del proceso. Dios es el único que puede limpiarnos, y hacerlo con afecto.

Invita al Señor a lavarte en su amor hasta que tu corazón sea puro. Dios quiere tu corazón. Y si te entregas cada día con fe, experimentarás un gozo y una paz que este mundo no puede imitar.

Dios, destruye las partes de mí que me alejan
de la plenitud de la vida en ti.
En el nombre de Jesús. Amén.

Dios proveerá

Es inútil que te esfuerces tanto, desde temprano
en la mañana hasta tarde en la noche,
y te preocupes por conseguir alimento;
porque Dios da descanso a sus amados.
SALMOS 127.2 NTV

Este versículo nos reconforta, sobre todo a quienes nos sentimos constantemente abrumadas para llegar a fin de mes. Muchas de nosotras trabajamos hasta la extenuación, sintiendo la presión de tener que proveer. Y, en lugar de disfrutar de los que amamos, quemamos la vela por los dos extremos, perdiéndonos lo bueno de la vida juntos. Más aún, nos perdemos ver la fidelidad de Dios en acción.

Dios provee a los que le aman. Él promete velar por ti, amiga. Cada día, él satisfará tus necesidades, tanto las expresadas como las calladas. Y las Escrituras dicen que es inútil esforzarse tanto cuando tu Padre celestial es el que lo mueve todo. Dios está obrando en tu vida en cada momento de cada día. Deja que esta hermosa verdad reduzca tu nivel de estrés para que puedas estar con tus amigos y familiares. Dios está contigo.

* *

Dios, ayúdame a relajarme y a confiar
en que tú conoces mis necesidades y las
cubrirás. En el nombre de Jesús. Amén.

Actitudes en el lugar de trabajo

Los miembros de la iglesia que sean esclavos deben respetar en todo a sus amos, para que nadie hable mal de Dios ni de las enseñanzas cristianas.

1 Timoteo 6.1 TLA

Es importante cómo actúas en el lugar de trabajo, especialmente cuando tus compañeros saben que eres creyente. Así como tu vida predica cuando estás fuera y con tu familia y amigos, también predica cuando estás en el trabajo. Puede que no estés de acuerdo con las decisiones de tu supervisor o con ciertas políticas de la empresa, pero las Escrituras dicen que las respetes y honres de todos modos. Porque cuando lo hagas, tus acciones hablarán mucho de la influencia de Dios en tu vida.

Sé una luz en el trabajo. Aporta gozo al trabajo. Cada día, muestra positividad y amabilidad a los demás. Sé generosa con tus superiores. Y deja que la honradez y la integridad guíen tu conducta.

. . . .

Dios, ayúdame a recordar que puedo cambiar el tono de la situación en el trabajo con mi conducta. Cada vez que pueda, haz que mejore el lugar de trabajo honrándote con mis acciones. En el nombre de Jesús. Amén.

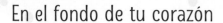

En el fondo de tu corazón

*Si declaras abiertamente que Jesús es el Señor
y crees en tu corazón que Dios lo levantó de los
muertos, serás salvo. Pues es por creer en tu
corazón que eres hecho justo a los ojos de Dios y
es por declarar abiertamente tu fe que eres salvo.*
ROMANOS 10.9–10 NTV

Que tu confesión diaria sea la prueba de que tienes fe en lo más profundo de tu corazón. Cada vez que puedas, proclama el nombre de Jesús a quienes quieran escucharte. No hace falta que te pares en la esquina de la calle con carteles ni que vayas de puerta en puerta repartiendo tratados. Pero prepárate para compartir la bondad de Dios cuando se abra la puerta divina de la oportunidad. Pídele al Señor que te dé las palabras adecuadas, en el momento adecuado, para hablar de la manera adecuada a las personas adecuadas.

Y asegúrate siempre de que tu corazón está bien con Dios confesándote y arrepintiéndote. Sumérgete diariamente en la Palabra de Dios, dejando que las Escrituras empapen tu mente. Estas son actividades que edifican la fe y la hacen más profunda en tu espíritu cada día.

* * *

*Dios, ¡creo en lo profundo de mi corazón!
En el nombre de Jesús. Amén.*

Superar en amor

Ámense como hermanos los unos a los otros,
dándose preferencia y respetándose mutuamente.
ROMANOS 12.10 DHH

Si tienes que intentar superar a los demás, entonces mejora en amar. Ten más compasión. Sé más generosa con tu tiempo y tus dones. Si (en tu mente) es una competencia, entonces compite por tener el corazón más servicial. Trabaja para ser más amable y dadivosa. Dedícate más a tu comunidad y a tu Dios. Respeta más a los demás. Honra mejor a los que te rodean.

Elegir tener amor compasivo por los creyentes es una decisión hermosa porque bendice al cuerpo como un todo. Es un mandato de Dios. Y cuando estás dispuesta a mostrar este tipo de compasión, eres correspondida. La Escritura comparte innumerables ejemplos del concepto de siembra y cosecha. Así que deja que el Señor penetre en tu corazón cada día para que estés lista para abrazar a los demás con gusto y recibir lo mismo a cambio.

* *

Dios, tengo una naturaleza competitiva, y estoy
agradecida de que tu Palabra hable de cómo
enfocarla en amar tiernamente a otros con pasión
y propósito. En el nombre de Jesús. Amén.

Bendecir en vez de maldecir

A veces alaba a nuestro Señor y Padre, y otras veces maldice a quienes Dios creó a su propia imagen. Y así, la bendición y la maldición salen de la misma boca. Sin duda, hermanos míos, ¡eso no está bien!
SANTIAGO 3.9–10 NTV

Amiga, ¿este versículo trae luz a tu vida? La verdad es que podemos usar nuestras palabras para animar a una amiga abatida en un momento y una hora más tarde reprender verbalmente a otra por molesta. Podemos pronunciar palabras de bondad y luego gritar a un conductor frustrado con solo unos minutos de diferencia. Por desgracia, nuestra boca puede hacer ambas cosas sin pensárselo dos veces.

Considera esto un reto para ser diferente. Deja que cada día sea una oportunidad para dirigir palabras bondadosas y compasivas a un mundo herido. Piensa bien lo que dices, mejor callar que ser cruel. Deja a alguien mejor de lo que lo encontraste. Sé generosa con los cumplidos y las afirmaciones positivas.

Dios, confieso que he dicho palabras que hieren. Ayúdame a bendecir en lugar de maldecir, glorificándote en el proceso. En el nombre de Jesús. Amén.

Somos diferentes por diseño

Donde hay envidias y rivalidades, hay también desorden y toda clase de maldad.
SANTIAGO 3.16 DHH

Hay mucha sabiduría en este versículo que podemos aplicar a nuestras interacciones cotidianas. Si nuestro objetivo es prosperar en la vida y llevarnos bien con los demás, entonces no hay lugar para ningún sentimiento de superioridad. No eres mejor que nadie, porque todos somos hijos de Dios. Y como él nos hizo a cada uno para ser único y especial, ser diferente es algo que nos viene por diseño, a propósito. El mundo puede animarte a sentirte *mejor o peor que* otros, pero seguirlo solo te alejará de la comunidad que tanto necesitas.

Busca la belleza en la singularidad de tus amigos y anímalos en sus caminos. En lugar de compararte con los demás, deja que Dios traiga un espíritu de unidad a tu corazón. Y cuando los celos asomen su fea cabeza, aplástalos orando. No hay espacio en tu día para ese tipo de distracción.

* *

Dios, gracias por hacernos diferentes.
Ayúdame a ver la belleza que hay en toda tu
creación. En el nombre de Jesús. Amén.

Por qué necesitamos la comunidad

*Y los que procuran la paz, siembran en paz
para recoger como fruto la justicia.*
SANTIAGO 3.18 DHH

La comunidad es una parte vital de la vida de un creyente. Nos necesitamos unos a otros para caminar bien. ¿Amén? Necesitamos ser responsables. Necesitamos personas que nos apoyen. Y es en comunidad donde desarrollamos un corazón de siervo para ayudar a los que nos rodean. Pero amar de esa manera es un trabajo duro.

Pídele a Dios que te dé un espíritu dispuesto para que puedas tratar a los demás con dignidad y honor. Pídele que te dé amor por los que a menudo resultan antipáticos, incentivándote a llevarte bien con los demás. Y deja que Dios te dé visión de futuro para que comprendas la necesidad de una comunidad fuerte y amorosa. Si se hace bien, la comunidad puede convertir un mal día en uno bueno, simplemente uniendo los brazos en solidaridad.

* *

*Dios, ayúdame a encontrar una comunidad
de creyentes con la que crecer.
En el nombre de Jesús. Amén.*

Tu fe complace a Dios

*Pero no es posible agradar a Dios sin tener fe,
porque para acercarse a Dios, uno tiene que creer
que existe y que recompensa a los que lo buscan.*
HEBREOS 11.6 DHH

Es difícil imaginar no seguir al Señor. Es probable que hayas visto su mano moverse en tu vida innumerables veces. Dios es la razón por la que tienes esperanza en tu matrimonio. La fe es la razón por la que das pasos fuera de tu zona de confort. Por ella extiendes la gracia, perdonando a los que te han hecho daño. Por ella pasas tiempo en la Palabra de Dios y orando. Y cada vez que tu fe se activa, ten por seguro que tu Padre celestial está encantado.

Deja que los demás vean cómo amas a Dios. Vive con autenticidad cada día, siempre dispuesta a compartir tu testimonio cuando el Espíritu Santo te lo pida. ¿Quién sabe? Puede que tú seas la razón por la que alguien decida convertirse en creyente. Tú podrías ser la razón por la que lleguen a la fe, agradando a Dios con su decisión de seguirle.

. . . .

Dios, mi corazón se alegra al saber que mi fe te complace. Ayúdame a tomar decisiones hoy que te glorifiquen. En el nombre de Jesús. Amén.

Elegir la paz

*No te metas en discusiones necias sobre listas
de linajes espirituales o en riñas y peleas [...]
es inútil y una pérdida de tiempo.*

Tito 3.9 NTV

¿No podemos llevarnos bien? ¿Nunca te has sentido
así? Tal vez por discusiones acaloradas en una cena
familiar. O por los padres difíciles del equipo de tu
hijo. O por tus compañeros de trabajo que se ponen
de acuerdo sobre el proyecto. O por tus suegros,
siempre críticos con todo lo que haces. La Palabra de
Dios aborda directamente la discordia y el conflicto,
recordándonos que son una pérdida de tiempo.

Amiga, elige siempre el camino de la paz. No
tenemos que expresar cada pensamiento que cruza
por nuestra mente. No tenemos que responder a
todas las insinuaciones. Y no tenemos que superar a
los demás. No hay nada constructivo ni beneficioso
en ello. E incluso cuando mantenemos conversaciones difíciles pero necesarias, nuestro espíritu puede
tranquilizarse. Deja que la paz reine en tu corazón
para que reine también en tu día a día.

* * * * * * * * * * * * * * * * * * * *

*Dios, dame autocontrol para mantener la boca
cerrada en lugar de participar en discusiones que
me hacen perder el tiempo. Ayúdame a elegir el
camino de la paz. En el nombre de Jesús. Amén.*

El poder de las palabras

*No deben calumniar a nadie y tienen que evitar
pleitos. En cambio, deben ser amables y mostrar
verdadera humildad en el trato con todos.*

TITO 3.2 NTV

Una forma de asegurarse un buen día es tener cuidado
con las palabras, porque tienen el poder de sacar a
alguien del pozo de la depresión o llevarlo a él. Traen
sanación o causan daño. Con ellas puedes provocar el
caos o traer la paz. Las palabras pueden ser pronun-
ciadas con humildad, creando un ambiente dulce, o
pueden repeler a otros con jactancia orgullosa.

Al repasar la semana, ¿han bendecido tus palabras a los demás y glorificado a Dios? ¿Has sido
considerada y atenta incluso cuando decías cosas
duras? ¿Has buscado oportunidades para animar?
¿O has sido imprudente, usando palabras par atacar
por frustración o enojo? Todo el mundo está en una
batalla en algún momento de su vida. Sabiendo eso,
deja que cada día sea una oportunidad de oro para
ser amable y generosa con las palabras que dices.

* *

*Dios, confieso las veces que he usado las palabras
de forma irresponsable. Ayúdame a mostrar
compasión al hablar para que los demás se sientan
amados y valorados. En el nombre de Jesús. Amén.*

Defender una postura

*Si entre ustedes hay individuos que causan divisiones,
dales una primera y una segunda advertencia.
Después de eso, no tengas nada más que ver con
ellos. Pues personas como esas se han apartado de
la verdad y sus propios pecados las condenan.*
Tito 3.10–11 NTV

Es difícil estar rodeado de personas negativas que
siempre están creando problemas. Tienen una manera
especial de arruinar un buen día porque su pesimismo
mata el ánimo. Toman partido y causan tensión en
la comunidad; y la Palabra de Dios dice que hay que
tratar con ellos. *Dos veces.* Luego, si nada cambia, su
mandato es evitar esa relación, para que tu corazón
no se vea corrompido por su mala actitud.

Sí, la confrontación puede ser incómoda, así que
pídele al Señor que te dé las palabras adecuadas para
hablar con confianza. Comprende que tu valentía
en esos momentos difíciles es obediencia. Y, como
leemos en la Palabra de Dios, obedecer trae recom-
pensas. Así que toma una postura, porque es el deseo
de Dios para ti y para el que está causando la división.

* *

*Dios, gracias por abordar el cinismo en tu
Palabra. Es difícil estar rodeado de negatividad.
Dame valor para obedecer y tomar una
postura. En el nombre de Jesús. Amén.*

La sabiduría de las mayores

*Enseña a las mujeres mayores a vivir de una manera
que honre a Dios. No deben calumniar a nadie ni
emborracharse. En cambio, deberían enseñarles a
otros lo que es bueno [...] a amar a sus esposos y a sus
hijos, a vivir sabiamente y a ser puras, a trabajar en
su hogar, a hacer el bien y a someterse a sus esposos.*
TITO 2.3–5 NTV

Ser mayor proporciona una oportunidad para animar a los más jóvenes, así que sé consciente de que tu amor hacia Dios brilla en todo lo que haces. Hay una gracia que viene con la edad, que nos da una perspectiva diferente de la vida. A lo largo del camino hemos acumulado una sabiduría duramente ganada. Hemos pasado por batallas y hemos visto la poderosa mano de Dios en acción. Hemos vivido lo suficiente para entender cómo la vida fluye y refluye a medida que confiamos en su voluntad y sus caminos. Hemos tenido esposos y criado hijos y hemos aprendido duras lecciones por ello. Así que anima a las mujeres jóvenes que necesitan esperanza.

Que vean tu fe en acción. Enséñales a vivir con rectitud. Y enséñales a vivir días alegres en su presencia.

. . . .

¡Dios, úsame! En el nombre de Jesús. Amén.

Apartarse

*Y se nos instruye a que nos apartemos de la
vida mundana y de los placeres pecaminosos.
En este mundo maligno, debemos vivir con
sabiduría, justicia y devoción a Dios.*
TITO 2.12 NTV

Es interesante notar que la Escritura dice que nos
apartemos de lo que nos aleja de Dios. No nos dice
que simplemente le demos la espalda o tratemos
de evitarlo. No dice que caminemos en la dirección
opuesta. En cambio, nos dice que salgamos corriendo
de allí. Esto debería llamar nuestra atención.

Llevar una vida recta requiere intencionalidad.
Requiere que tomes decisiones difíciles en el momento. Y significa que te liberas de las lujurias y pasiones
que te han impulsado en el pasado y elijas en cambio
hacer lo correcto. Es valorar la santidad por encima
de la felicidad. Cada día es un viaje de fe que debes
disfrutar dejando que Dios dirija tu camino.

. . . .

*Dios, abre mis ojos para ver las tentaciones
que me alejan de ti, luego dame el buen
juicio para huir de ellas y correr a tus
brazos. En el nombre de Jesús. Amén.*

Dios no miente

Esta verdad les da la confianza de que tienen la vida eterna, la cual Dios —quien no miente— les prometió antes de que comenzara el mundo.

TITO 1.2 NTV

Es tan reconfortante saber que Dios es incapaz de mentir. Sus promesas son inquebrantables. Su visión de nuestro futuro es firme. Y la esperanza que tiene en nosotros es inagotable. ¿Reconoces el privilegio que tienes de ser parte de los elegidos de Dios? Hay muchos que le han dado la espalda, pero tú no. Has podido encontrar descanso y paz, sabiendo que vivirás para siempre con el Señor.

Así que, amiga, ¡que cada día sea una celebración! Incluso en los momentos difíciles y en las temporadas de decepción, que la profundidad de tu fe te dé motivos para alegrarte. Esta vida traerá angustia, pero Dios ha prometido restauración. Puede que estés rota, pero él promete sanidad. Y Dios no miente.

* * *

Dios, cuánto aprecio que seas fiel a tu Palabra. Y me encanta saber que cada promesa hecha es una promesa cumplida. En el nombre de Jesús. Amén.

Elegir la fe frente al temor

*Porque el Espíritu de Dios no nos hace
cobardes. Al contrario, nos da poder para
amar a los demás, y nos fortalece para que
podamos vivir una buena vida cristiana.*
2 TIMOTEO 1.7 TLA

Lo mejor para ti no es estar presa del temor. Aunque puede haber un millón de razones para ello, Dios nos ha dado el Espíritu Santo para contrarrestar cualquier respuesta temerosa a circunstancias inquietantes. Se te ha dado poder para seguir adelante. Además, tienes amor, que mantiene tu corazón tierno y conectado con Dios. Y el Espíritu también te da autocontrol, que te ayuda a mantener tus emociones a raya. Así que cualquier miedo que traiga una sensación de temor o te robe la paz no viene de Dios.

Amiga, es hora de abrazar este hermoso don de la fe por encima del miedo. Es una elección de no caminar por la ruta del miedo cuando se presenta. Se necesita intencionalidad para elegir confiar en Dios en su lugar. Pero cuando lo haces, el Espíritu te inunda de poder, amor y autocontrol para mantenerte fuerte. Cada día, ¡puedes vivir en libertad y victoria!

• •

*Dios, quiero elegir continuamente la fe antes
que el miedo para poder vivir la vida que tú has
creado para mí. En el nombre de Jesús. Amén.*

Legado de fe

Tu abuela Loida y tu madre Eunice confiaron
sinceramente en Dios; y cuando me acuerdo
de ti, me siento seguro de que también
tú tienes esa misma confianza.
2 TIMOTEO 1.5 TLA

Una de las razones por las que queremos vivir cada día al máximo es porque sabemos que unos ojitos nos observan. Ya seamos una madre, una madre espiritual, una tía, una maestra o una amiga de la familia, tenemos el privilegio de influir en la próxima generación de creyentes. La forma en que vivimos nuestras vidas puede ser el catalizador para que alguien decida seguir al Señor.

Sé consciente de cómo vives cada día. La forma en que reaccionas ante los altibajos de la vida puede afectar profundamente la visión que los demás tienen de Dios. A través de tus respuestas, verán a una mujer de fe o a una mujer temerosa. Verán un corazón entregado o terquedad. Pide a Dios confianza para vivir tu fe visiblemente, sabiendo que es un testimonio de su bondad.

* *

Dios, ayúdame a crear un legado
de fe. En el nombre de Jesús. Amén.

Ya tienes edad

Evita que te desprecien por ser joven; más bien debes ser un ejemplo para los creyentes en tu modo de hablar y de portarte, y en amor, fe y pureza de vida.
1 Timoteo 4.12 DHH

Si eres una mujer joven que no se siente lo suficientemente mayor como para ser una voz de fe para la comunidad, ¡deja que el versículo de hoy sea un estímulo para ti! Dios llama a mujeres *de todas las edades* a compartir su Palabra y su testimonio. No importa la edad que tengas, hay un llamado de Dios en tu vida, y él lo activará en el momento perfecto. Puedes confiar en esa promesa.

Empieza cada día diciéndole *sí* a Dios. Incluso si te pide que hagas algo que podría causarte ansiedad o suponer un gran paso fuera de tu zona de confort, hazle saber que obedecerás. Confirma que estás lista y dispuesta a ir adonde él te guíe. Sé intencional para hacer crecer tu fe y profundizar tu relación con el Señor. Y recuerda que tu vida siempre predica por las decisiones que tomas, ya sea en la banca o en lancha. Vive cada día con amor e integridad.

Dios, mi respuesta a ti es un sí rotundo. Estoy lista y dispuesta. En el nombre de Jesús. Amén.

Creada por Dios

*Toda la Escritura es inspirada por Dios y es útil
para enseñarnos lo que es verdad y para hacernos
ver lo que está mal en nuestra vida. Nos corrige
cuando estamos equivocados y nos enseña a hacer
lo correcto. Dios la usa para preparar y capacitar
a su pueblo para que haga toda buena obra.*
2 Timoteo 3.16–17 NTV

No escuches a los que desacreditan la Biblia. Algunos
dicen que es solo un montón de historias anticuadas
e irrelevantes. Otros creen que solo es cierta en
parte. Y aun hay quien dice que no es inspirada por
Dios, sino que es obra de hombres. Como creyentes,
simplemente no podemos dar credibilidad a ninguna
de estas afirmaciones porque conocemos la verdad.

La Biblia es viva y activa. Es la forma en que Dios
se revela a los que le aman. Y si Dios dice que es
de inspiración divina, entonces por fe lo creemos.
Recuerda las veces que Dios te habló a través de un
versículo o cuando su Palabra te trajo consuelo y paz.
Guarda esos momentos en tu corazón para que nada
te haga dudar.

*Dios, muchas gracias por la Biblia. Creo en ella
en su totalidad, desde Génesis hasta Apocalipsis.
Ayúdame a proteger mi corazón de cualquier cosa
que pueda cambiarlo. En el nombre de Jesús. Amén.*

Evitar el peligro

Los hombres serán egoístas, amantes del dinero, orgullosos y vanidosos. Hablarán en contra de Dios, desobedecerán a sus padres, serán ingratos y no respetarán la religión. No tendrán cariño ni compasión, serán chismosos, no podrán dominar sus pasiones, serán crueles y enemigos de todo lo bueno [...]. Aparentarán ser muy religiosos, pero con sus hechos negarán el verdadero poder de la religión.

2 Timoteo 3.2–5 dhh

Necesitamos el discernimiento divino de Dios para no seguir los caminos mundanos. Necesitamos visión y fuerza de él. Necesitamos proteger nuestros corazones de ser contaminados por estas impurezas. Cada día, necesitamos levantarnos en fe y negarnos a ser parte de la maldad y la corrupción. Si nuestro deseo es que la luz de Jesús brille dentro de nosotros, entonces actuar de estas maneras solo la extinguirá.

Las Escrituras son muy claras cuando dicen que nos alejemos de cierto tipo de personas. No es porque seamos mejores que ellas; es porque nuestras prioridades son diferentes a las suyas. Así que, cada día, elige empaparte del gozo del Señor, y confía en el Espíritu Santo para que te guíe por los caminos que glorifican a Dios.

* *

Dios, mi foco está en ti. En el nombre de Jesús. Amén.

Obstinados sabelotodos

*Todo el que quiera ser sabio debe empezar por
obedecer a Dios. Pero la gente ignorante
no quiere ser corregida ni llegar a ser sabia.*
PROVERBIOS 1.7 TLA

¿Conoces a algún sabelotodo obstinado? Su comportamiento se convierte en una gran barrera para la obediencia. En lugar de seguir la dirección de Dios, deciden que su camino es el mejor. Son incapaces de escuchar la dirección del Señor porque están convencidos de que sus propios planes son mejores. Para ellos, su vida es para vivirla, por lo que les es imposible confiar un futuro desconocido a un Dios invisible.

Lo que falta es una verdadera comprensión de quién es Dios. Los sabelotodo no confían en su fidelidad. No pueden abrazar su amor y compasión. No están dispuestos a aceptar la soberanía de Dios. Podemos tener un historial de buenas ideas, pero nuestros pensamientos no son sus pensamientos. Nuestros caminos no son sus caminos. Y esas son buenas noticias. Es más, las Escrituras confirman que Dios bendice nuestra obediencia. Así que, cada vez que nos rendimos, esa entrega produce una cosecha de cosas buenas que vendrán.

. . . .

*Dios, ablanda mi corazón para que elija tu camino
sobre el mío, siempre. En el nombre de Jesús. Amén.*

Hacer que cada día cuente

Ya falta poco para que yo muera, y mi muerte será mi ofrenda a Dios. He luchado por obedecer a Dios en todo, y lo he logrado; he llegado a la meta, y en ningún momento he dejado de confiar en Dios.

2 Timoteo 4.6–7 tla

Pablo abrazó plenamente cada día de su ministerio con pasión y propósito. Encontró gozo en todas las circunstancias, ¡incluso en los naufragios y en la cárcel! Él dio todo lo que tenía, impulsando la extensión del evangelio entre los gentiles. Y fue su corazón lleno de fe en el Señor el que lo motivó en cada paso del camino. No hay duda de que Pablo luchó de manera excelente y terminó bien.

Deja que la vida de Pablo te anime. Considera que estás aquí en este momento del calendario del reino para ser una luz en este mundo a veces oscuro. Haz que cada día cuente. No pierdas el tiempo en cosas que te alejan de Dios, como la ira, la falta de perdón, el orgullo y el egoísmo. En lugar de eso, mantente presente y comprometida. Ilumina a los que te rodean con las maravillas de Dios.

* *

Dios, haz que todo en mi vida predique tu bondad cada día. En el nombre de Jesús. Amén.

Enseñanza bíblica sólida

*Porque va a llegar el tiempo en que la gente no
soportará la sana enseñanza; más bien, según
sus propios caprichos, se buscarán un montón de
maestros que solo les enseñen lo que ellos quieran
oír. Darán la espalda a la verdad y harán caso a
toda clase de cuentos. Pero tú conserva siempre
el buen juicio, soporta los sufrimientos, dedícate a
anunciar el evangelio, cumple bien con tu trabajo.*
2 Timoteo 4.3–5 DHH

Muchos argumentan que ahora no estamos en estos
tiempos difíciles. En lugar de buscar una enseñanza
bíblica sólida, quieren oír lo que les hace sentir bien.
Quieren un cristianismo liviano. Y esperan que Dios
sea su genio de la lámpara, dándoles lo que necesitan
en el momento en que lo pidan. Qué superficialidad.

Pero tú no, amiga. Estás comprometida a aprender cada pedacito de la Biblia, tanto lo fácil como lo
difícil de escuchar, porque crees que es completa,
instructiva y relevante. Deseas las aguas profundas
de la fe con Dios. Y sabes que él es compasivo y digno
de confianza, ¡y por eso eres capaz de vivir cada día
al máximo!

. . . .

*Dios, ayúdame a profundizar mi fe para que no
sea superficial. En el nombre de Jesús. Amén.*

Tu fe crece

*Amados hermanos, no podemos más
que agradecerle a Dios por ustedes,
porque su fe está floreciendo, y el amor
de unos por otros, creciendo.*

2 Tesalonicenses 1.3 NTV

Tu fe debería crecer cada día, y eso solo ocurre con tiempo bien invertido. Si lo haces bien, es evidente para los que te rodean. Te verán más amable, más gentil. Verán humildad y un deseo de vivir y amar bien. Lo verán en tus elecciones porque cada decisión correcta será agradable a Dios. Y los demás notarán la manera en que cuidas de sus corazones en los buenos y en los malos momentos.

Tienes el privilegio de conocer a Dios de maneras significativas. Esos momentos de estudio de las Escrituras profundizan tu comprensión de él. Esos momentos orando conectan tu corazón con el suyo. Y, a medida que crezcas en tu relación con él, te bendecirá a ti y a la comunidad de creyentes que te rodea. Deja que cada día sea una oportunidad para aprender más sobre tu Señor.

· ·

Dios, haz crecer mi fe para que pueda ser una luz para los que me rodean. En el nombre de Jesús. Amén.

Hazlo por Dios

*Todo lo que hagan, háganlo de buena gana,
como si estuvieran sirviendo al Señor Jesucristo
y no a la gente. Porque ya saben que Dios les
dará, en recompensa, parte de la herencia
que ha prometido a su pueblo. Recuerden que
sirven a Cristo, que es su verdadero dueño.*
COLOSENSES 3.23–24 TLA

Si estás a punto de tener «uno de esos días» porque lo que te espera en tu agenda es abrumador o poco agradable, ¿por qué no cambias de perspectiva? Decide que lo que vas a hacer bendecirá a Dios. Que todo es para él. Esta mentalidad te permitirá tener una buena actitud y un espíritu dispuesto a avanzar de manera productiva. Convertirá un día potencialmente malo en uno bueno.

Dile a Dios por qué estás luchando, y pídele que te ayude a enderezar tu corazón. Deja que el Señor anime tus próximos pasos, dándote la energía y la sabiduría para darlos bien. Y recuerda que tu obediencia será recompensada. Dios reconocerá tu deseo de glorificarlo, y serás bendecida por ello.

• •

*Dios, cuando me cueste hacer algo,
recuérdame que mi obediencia deleita tu
corazón. En el nombre de Jesús. Amén.*

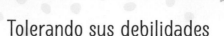

Tolerando sus debilidades

*Sean tolerantes los unos con los otros, y
si alguien tiene alguna queja contra otro,
perdónense, así como el Señor los ha perdonado
a ustedes. Y sobre todo, ámense unos a otros,
porque el amor es el mejor lazo de unión.*
COLOSENSES 3.13–14 TLA

Es difícil tolerar la debilidad de los que te rodean,
sobre todo cuando a menudo eres tú quien sufre las
consecuencias naturales. Pero cuando uno no extiende la gracia, se construye un muro de amargura en
el corazón hacia ellos, y uno tiende a llevar la cuenta
de sus males. Puesto que Dios nos ha ordenado amar
y perdonar a los demás, ¿cómo podemos justificar
estas acciones?

Tus días estarán llenos de gozo si decides dar a
los demás el don del perdón, como el Señor ha hecho
contigo. Nadie es perfecto, ni siquiera tú. Pídele a
Dios que te dé tolerancia cuando los demás fallan.
Querrás que te conceda la misma gracia cuando tú
te equivoques.

*Dios, enséñame a amar y perdonar con rapidez
y gracia. En el nombre de Jesús. Amén.*

Siempre y con cariño

Dios los ama mucho a ustedes, y los ha elegido
para que formen parte de su pueblo. Por eso, vivan
como se espera de ustedes: amen a los demás,
sean buenos, humildes, amables y pacientes.
COLOSENSES 3.12 TLA

Hay algo hermoso que le sucede a una mujer que sabe que *siempre* es amada *entrañablemente*. Está libre para vivir con la seguridad en sí misma que le da Dios. Saber que ha sido apartada, que ha sido elegida, dice mucho de su autoestima. Impregna de gozo cada día, le da la capacidad de ser misericordiosa y compasiva con los demás. Y esta confianza la mantiene a salvo porque sabe que es la amada de Dios.

¿Cuán diferente sería tu día si esto te describiera a ti? Pasa tiempo con Dios hoy, compartiendo tus pensamientos sobre el párrafo anterior. Cuéntale el deseo de tu corazón. Si necesitas llorar, llora en su presencia. Si necesitas un cambio en tu sistema de creencias, pide ayuda. Deja que Dios haga florecer esta verdad en tu vida.

* *

Dios, ¡que así sea! En el nombre de Jesús. Amén.

El viaje diario de la fe

*Hagan morir las cosas pecaminosas y terrenales que
acechan dentro de ustedes. No tengan nada que
ver con la inmoralidad sexual, la impureza, las bajas
pasiones y los malos deseos. No sean avaros [...].
A causa de esos pecados, viene la furia de Dios.*
COLOSENSES 3.5–6 NTV

Si eres creyente, tus mejores días deberían estar llenos
de decisiones que agraden a Dios. Tu fe debe guiarte con agudo discernimiento, ayudándote a tomar
decisiones que bendigan y no maldigan. Cadapaso
dado de forma intencional te llevará a la paz, incluso
cuando el camino sea difícil. Y los viejos hábitos serán
sustituidos voluntariamente por aquellos que reflejen
tu amor por Dios.

Deja que el Señor te fortalezca para las decisiones que tienes por delante. Hazle saber dónde
estás luchando para abandonar comportamientos
pasados. Todos necesitamos la renovación diaria de
Dios para que matar los impulsos terrenales que nos
han dominado durante demasiado tiempo. Amiga, la
fe es un viaje diario. Tómate de la mano de tu Padre,
y deja que él te guíe.

* *

*Dios, quiero que mi vida sea diferente a lo que veo
que el mundo aplaude. Que mis elecciones señalen
a mi fe en ti. En el nombre de Jesús. Amén.*

Todos hemos pecado

Pues todos hemos pecado; nadie puede alcanzar la
meta gloriosa establecida por Dios. Sin embargo,
en su gracia, Dios gratuitamente nos hace justos
a sus ojos por medio de Cristo Jesús, quien nos
liberó del castigo de nuestros pecados.
<small>ROMANOS 3.23–24 NTV</small>

Antes de señalar con el dedo a otra persona en señal de condena, recordemos una poderosa verdad. Todos hemos pecado, *todos y cada uno.* Y por eso, todos estamos destituidos de la gloria de Dios. Somos personas defectuosas, compartiendo un mundo perdido, desesperados por un Salvador. Entra Jesús...

Es por el gran amor y compasión de Dios por lo que envió a su Hijo unigénito desde un trono en el cielo a una cruz en el Calvario. La muerte de Cristo selló nuestra redención. Estableció nuestra salvación. Así pues, ¡que cada día sea una oportunidad para alegrarnos! En la gracia inquebrantable de Dios, Jesús vino a arreglar las cosas. Gracias a él estaremos en la eternidad. Y cuando lo aceptamos como nuestro Salvador personal, cada día es una celebración.

* * *

Dios, gracias por llenar con la muerte de tu
Hijo en la cruz el vacío que dejó el pecado. ¡Qué
hermoso regalo! En el nombre de Jesús. Amén.

Aprender a estar satisfecha

No es que haya pasado necesidad alguna vez,
porque he aprendido a estar contento con lo
que tengo. Sé vivir con casi nada o con todo
lo necesario. He aprendido el secreto de vivir
en cualquier situación, sea con el estómago
lleno o vacío, con mucho o con poco.
FILIPENSES 4.11–12 NTV

Tu día será mucho más agradable si eres capaz de adaptarte a las circunstancias. A veces, nuestros mejores planes cambian en un abrir y cerrar de ojos, por lo que la capacidad de ser flexible es una bendición. Otras veces la vida no resulta como esperábamos y debemos encontrar la paz en medio del caos. Pensar que la vida no nos lanzará una bola difícil es una trampa que traerá irritación y frustración.

Pídele a Dios el don de la satisfacción cada día para que seas capaz de encontrar la paz en cada circunstancia. Él te dará la capacidad de elevarte por encima de las aguas agitadas para que no te zarandeen las olas. Él generará en ti un sentido de paz que el mundo no puede entender. Y tendrás un corazón feliz, satisfecho en la bondad de Dios.

Dios, todo lo que necesito eres tú.
En el nombre de Jesús. Amén.

Tu vida predica

*Que todo el mundo vea que son considerados en todo
lo que hacen. Recuerden que el Señor vuelve pronto.*
FILIPENSES 4.5 NTV

Tus acciones predican en un sentido o en otro. No te
equivoques. Si profesas ser cristiana pero insultas a la
mesera porque tu comida está fría, los demás se darán
cuenta. Cuando no estás dispuesta a perdonar una
ofensa, les llamará la atención. Les costará entenderlo
porque tus palabras y acciones no estarán en sintonía.

Cada día tienes la oportunidad de ensalzar al
Señor. Incluso en tus imperfecciones, él puede ser
glorificado por cómo eliges responder. El Señor puede
usar tu vida para mostrar su amor a los que te rodean.
Su bondad y generosidad hablarán fuerte y claro. Que
tu amor por Dios brille a través de tu vida para que
otros se animen a seguirlo también.

. . . .

*Dios, ayúdame a ser consciente de que mi vida
predica para ti o contra ti. Permite que mi corazón
sea purificado a través de la Palabra y de mi tiempo
contigo para que lo que fluya naturalmente de
él te glorifique. En el nombre de Jesús. Amén.*

En cambio, ora

No se preocupen por nada; en cambio, oren por todo. Díganle a Dios lo que necesitan y denle gracias por todo lo que él ha hecho.
FILIPENSES 4.6 NTV

Todo buen día comienza con la oración de la mañana, conversaciones con Dios a lo largo del día y una oración final cuando te vas a dormir. Es esa conversación continua con Dios lo que ayuda a tu corazón a mantener la esperanza. La Palabra dice que oremos por todo, lo que significa que nada está descartado. Desde un buen lugar para estacionar bajo la lluvia, hasta las palabras necesarias en una discusión difícil, o ideas para la cena, tienes libertad para conversar con Dios todo el día sobre cada cosa. ¿No es maravilloso que él quiera oírlo todo?

Deja que Dios haga de tu buen día un *gran* día. Invítalo a tus planes mientras disfrutas de su compañía. Comparte tu ansiedad y expresa tu gratitud. Deja que Dios te escuche durante todo el día. Y observa cómo los demás se sienten atraídos por tu actitud llena de esperanza, deseando saber más.

* *

Dios, sé mi compañero constante y con quien más disfruto. En el nombre de Jesús. Amén.

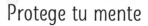

Protege tu mente

*Concéntrense en todo lo que es verdadero,
todo lo honorable, todo lo justo, todo lo puro,
todo lo bello y todo lo admirable. Piensen en
cosas excelentes y dignas de alabanza.*

Filipenses 4.8 ntv

En el mundo de hoy, lleno de malas noticias, es imperativo regular la información que consumimos. Cuando no lo hacemos, acabamos teniendo miedo. No vemos más que resultados horribles y malos desenlaces. Y damos rienda suelta a nuestros pensamientos. Esa es una forma segura de sentir ansiedad, conforme al manual del enemigo.

Como creyentes, debemos llenar nuestras mentes con otras cosas, cosas que tranquilicen nuestros espíritus y calmen nuestros pensamientos. Cuando el mundo te parezca abrumador, medita en cosas dignas de alabanza. Reflexiona sobre lo bueno que ves en tu vida. Concéntrate en lo que es puro y hermoso. Piensa en momentos en los que triunfó la verdad y se desarrollaron situaciones honorables. Y cada día, llena tu mente de belleza y verdad para que puedas ser una bendición para el mundo que te rodea.

*Dios, ayúdame a proteger mi corazón de
las malas noticias del mundo y centrarme
en ti. En el nombre de Jesús. Amén.*

El problema de siempre

Sean humildes, amables y pacientes, y bríndense apoyo, por amor, los unos a los otros.
EFESIOS 4.2 TLA

La palabra clave en el versículo de hoy es *siempre*. Honestamente, esto es lo que nos hace tropezar, porque es difícil tener la intención de hacer algo *siempre*. ¿Amén? Y la idea de que debemos ser amables constantemente y demostrar un amor generoso hacia los demás parece una garantía para el fracaso. Si a eso le añadimos la orden de mostrarlo a los que nos sacan de quicio, es ya el remate.

Pero entonces recordamos que el objetivo no es la perfección. En esta condición humana, es imposible. Es más, servimos a un Dios que perdona. Aunque nos esforcemos cada día por hacer lo que Dios nos ha pedido, habrá momentos en los que fracasemos estrepitosamente. En esos momentos, nos arrepentimos, pedimos perdón y lo intentamos de nuevo. Y luego damos gracias al Señor, porque él siempre nos ama, incluso cuando metemos la pata.

· ·

Dios, ayúdame a tener tierna humildad y tranquila paciencia con todos para que sean capaces de verte en mis acciones. En el nombre de Jesús. Amén.

Padre perfecto

Solo hay un Señor, una fe y un bautismo. Solo hay un Dios, que es el Padre de todos, gobierna sobre todos, actúa por medio de todos, y está en todos.
EFESIOS 4.5–6 TLA

Muchos de nosotros no tuvimos padres cariñosos cuando éramos pequeños. A menudo fueron fuente de profundo dolor y angustia. En lugar de amarnos, usaban palabras imprudentes. Nos desacreditaban y nos hablaban con desprecio, sembrando semillas de inutilidad en nuestros corazones rotos. Y como lo mejor de nosotros nunca estuvo a la altura de sus expectativas, aún hoy seguimos luchando por ser «lo bastante buenas». Pero tu Padre celestial *no* es así.

Él te mira con alegría. Es el Padre perfecto, el que promete guiarte por la vida con amor y compasión. Tu relación con él será una fuente de gozo, sabiendo que eres totalmente reconocida, totalmente visible y totalmente aceptada. Amiga, no estás sola. Cada día, puedes experimentar su bondad obrando a través de tu vida, bendiciendo a otros, beneficiándote a ti, y glorificándolo a él.

Dios, gracias por ser mi Padre perfecto.
Eso ayuda mucho a mi corazón roto.
En el nombre de Jesús. Amén.

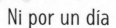

Ni por un día

Si se enojan, no permitan que eso los haga pecar.
El enojo no debe durarles todo el día, ni deben
darle al diablo oportunidad de tentarlos.
EFESIOS 4.26–27 TLA

A menudo nuestras emociones pueden con nosotros. Cuando sentimos un ataque personal o alguien a quien amamos es herido por otro, nuestra ira puede pasar de cero a sesenta en cuestión de segundos. Nuestro comportamiento calmado habitual cambia en un momento y nuestros ánimos se caldean. Y suele ser desagradable: palabras malas, dedos acusadores, pensamientos vengativos e intercambios acalorados.

El Señor no quiere que la ira nos controle, ni siquiera por un día. Él entiende las tendencias humanas y quiere que evitemos los momentos que nos llevan al pecado. ¿Por qué? Porque ahí es exactamente donde el enemigo nos quiere. Su plan es manipular para que nuestro testimonio de Jesús se vea comprometido. Al enemigo nada le gustaría más que arruinar tu día. Así que, cuando esté saliendo la ira, ve directamente a Dios y pídele que calme la tormenta interior.

. . . .

Dios, ayúdame a glorificarte siempre con mis
palabras y acciones. En el nombre de Jesús. Amén.

Regalos preciosos

No digan malas palabras. Al contrario, digan
siempre cosas buenas, que ayuden a los demás a
crecer espiritualmente, pues eso es muy necesario.
EFESIOS 4.29 TLA

A veces, una palabra amable es todo lo que necesitamos para cambiar la trayectoria de nuestro día. Las Escrituras dicen que las palabras tienen el poder de ser «regalos preciosos». Y cuando estamos luchando, el ánimo tiene una manera especial de levantar nuestra carga y darnos energía para la batalla que tenemos por delante.

¿A qué amiga le vendría bien que le aseguraran que todo va a salir bien? ¿Quién necesita inspiración diaria para no rendirse? ¿A un compañero de trabajo le vendría bien un elogio por un trabajo bien hecho? ¿Hay alguien que necesite que alguien le anime en un momento difícil? ¿Necesita un amigo un estímulo verbal para volver al juego de la vida? Conviértete en ese tipo de mujer, la que utiliza las palabras como un hermoso regalo. Y pídele a Dios que te dé ojos para ver a quienes las necesitan.

* *

Dios, permíteme ser intencional con mis
palabras para que las use para alentar y no
para dañar. En el nombre de Jesús. Amén.

No te rindas

*Así que no debemos cansarnos de hacer
el bien; porque si no nos desanimamos, a
su debido tiempo cosecharemos. Por eso,
siempre que podamos, hagamos bien a todos, y
especialmente a nuestros hermanos en la fe.*

GÁLATAS 6.9–10 DHH

Como creyentes, es importante que seamos resistentes para hacer la obra de Dios cada día. Hay una hermosa cosecha de bondad que recogeremos si no tiramos la toalla. Pero a veces eso es exactamente lo que queremos hacer. La vida se complica, y nuestra naturaleza multitarea acaba por agotarnos. Y a menos que dejemos que Dios nos fortalezca, acabaremos rendidas por la frustración o el agotamiento. Necesitamos que él nos llene de sabiduría, resistencia, deseo y cualquier otra cosa que necesitemos para avanzar en la fe.

Trabajar para el Señor es un privilegio, y debemos aprovechar cualquier oportunidad que se nos presente para promover su reino. Cada día puede ser bueno y productivo si recordamos que nuestro sí a Dios beneficia a los demás en la comunidad de fe.

* * *

*Dios, fortaléceme para ser una bendición para
tu reino. En el nombre de Jesús. Amén.*

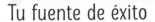

Tu fuente de éxito

*Cada uno debe juzgar su propia conducta, y si
ha de sentirse orgulloso, que lo sea respecto
de sí mismo y no respecto de los demás. Pues
cada uno tiene que llevar su propia carga.*
GÁLATAS 6.4–5 DHH

Hay pocas cosas que prometen arruinar tu día más
rápido que el orgullo y la envidia. Cuando tu fundamento está asegurado en la verdad de que todas las
cosas buenas vienen de Dios, no tendrás la tentación
de darte palmaditas en la espalda. En cambio, él se
llevará todo el crédito. Reconocerás su mano en
tus logros. Y en lugar de sentir envidia, te deleitarás
celebrando los éxitos de los demás.

Amiga, Dios nos ha dado a cada una de nosotras
un propósito específico en la vida. Junto con eso viene
la humildad, la habilidad y la gracia para llevarlo a cabo.
Así que, enfócate en el trabajo que Dios ha puesto
delante de ti, ¡y hazlo con gusto! Pídele que guíe tus
pasos. Y reconoce al Señor como tu fuente de éxito.

*Dios, ayúdame a hacer el trabajo que has
puesto ante mí con humildad y gratitud.
En el nombre de Jesús. Amén.*

No se llevará lo mejor de ti

Por todos lados nos presionan las dificultades,
pero no nos aplastan. Estamos perplejos
pero no caemos en la desesperación. Somos
perseguidos pero nunca abandonados por Dios.
Somos derribados, pero no destruidos.
2 CORINTIOS 4.8-9 NTV

Cada día es una nueva oportunidad para que la vida nos dé un puñetazo en el estómago. Nos enfrentaremos a angustias con regularidad. Y habrá momentos en los que nos veremos sorprendidas por la traición y el rechazo. Las Escrituras son muy claras al respecto, y nos hacen saber que esperar que todo vaya sobre ruedas solo nos llevará a la decepción.

Pero, amiga, ¡no dejes que eso te arruine el día! Cuando te aferras a Dios, nada tendrá el poder de aplastarte. Los sentimientos de desesperación no perdurarán. No estarás abandonada, porque Dios estará siempre contigo. Y si te derriban, volverás a ponerte en pie, más fuerte que antes. Alégrate con un Dios que nunca dejará que el mundo se lleve lo mejor de ti.

· ·

Dios, gracias por recordarme tu divina protección
y restauración. En el nombre de Jesús. Amén.

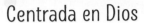

Centrada en Dios

*Así que no miramos las dificultades que ahora
vemos; en cambio, fijamos nuestra vista en cosas
que no pueden verse. Pues las cosas que ahora
podemos ver pronto se habrán ido, pero las cosas
que no podemos ver permanecerán para siempre.*
2 Corintios 4.18 NTV

El pasaje bíblico de hoy nos desafía a tomar la decisión
intencionada de poner la mira en Dios porque, al fin
y al cabo, él es nuestra única esperanza. Por lo tanto,
mantener nuestro corazón conectado a él en medio
de las turbulencias de la vida será lo que nos traerá
paz y gozo, independientemente de lo que suceda a
nuestro alrededor.

A menudo cuando llegan los problemas ponemos
los ojos en lo que nos espera. Nos centramos en el
diagnóstico aterrador y en los problemas financieros.
Fijamos nuestra mirada en todos los detalles que rodean
a las relaciones rotas. Ponemos el foco en el inquietante
estado de la nación y del mundo, pegados a la televisión
para ver las actualizaciones constantes que no hacen
más que provocar ansiedad. Cada día, céntrate en Aquel
que tiene el mundo entero en sus manos.

* *

*Dios, ayúdame a mantener mi corazón dirigido
hacia ti para que el miedo no pueda apoderarse
de él. En el nombre de Jesús. Amén.*

Es importante
con quién andas

¡No se dejen engañar! Bien dice el dicho, que
«Las malas amistades echan a perder las buenas
costumbres». Piensen bien lo que hacen, y no
sigan desobedeciendo a Dios. Algunos de ustedes
deberían sentir vergüenza de no conocerlo.
1 Corintios 15.33–34 tla

La verdad es simple: quién eres depende de con quién te relacionas. Cuando pasas los días en mala compañía, las probabilidades de que tu moral y carácter se vean afectados negativamente son altas. En algún momento, comenzarás a caminar por un sendero que te alejará de Dios. Y tu enfoque estará en deseos egoístas que no lo glorifican a él. La vida ya es bastante difícil sin permitir que influencias impías se apoderen de ti.

Mejor invierte tu tiempo en relaciones que alienten tu fe. Elige estar rodeada de personas que te dirijan a Dios cuando tengas dificultades. Construye una comunidad con aquellos que aman al Señor con todo su corazón, fuerza, mente y alma. Haz un esfuerzo consciente por rodearte de personas afines que aporten gozo y entusiasmo a tu vida.

Dios, tráeme amigos que te amen para que podamos
animarnos unos a otros. En el nombre de Jesús. Amén.

No nos corresponde juzgar

*Si son muy duros para juzgar a otras personas,
Dios será igualmente duro con ustedes. Él los
tratará como ustedes traten a los demás. ¿Por qué
te fijas en lo malo que hacen otros, y no te das
cuenta de las muchas cosas malas que haces tú?*

MATEO 7.2–3 TLA

No tenemos derecho a juzgar a los demás. No nos
corresponde criticar la vida de otra persona. No hay
razón para que nos enfoquemos en las imperfecciones
de otro, especialmente cuando tenemos un balde
lleno de las nuestras. Y, si el mandamiento de Dios
es que amemos a los demás, sentarnos a juzgarlos no
es cumplir su voluntad.

¿Podemos ser honestas y estar de acuerdo en que
esto es difícil? Estamos condicionadas a evaluarnos
unas a otras. Somos críticas desde fuera de la situación
y ni siquiera nos damos cuenta. Pídele a Dios que te
ayude a ser consciente de los momentos en que tu
corazón se está endureciendo. Deja que él te guíe
lejos del juicio y hacia el amor.

* *

*Dios, ayúdame a ser una mujer que ama bien
a los demás, no una llena de críticas. Ablanda
mi corazón para que vea lo bueno en los que
me rodean. En el nombre de Jesús. Amén.*

La regla de oro

*Traten a los demás como ustedes quieran ser
tratados, porque eso nos enseña la Biblia.*
MATEO 7.12 TLA

Como dice el refrán: «En un mundo donde puedes ser
cualquier cosa, sé amable». Elige mostrar compasión
en lugar de buscar venganza. Si hay una necesidad
que cubrir y puedes hacerlo, hazlo con un corazón
dispuesto. Cuando el Espíritu Santo te lo pida, sé
generosa con las finanzas. Ama a los que no son fáciles
de amar y perdona lo imperdonable. Extiende la gracia
en lugar de dejar que se acumule la amargura. Ora
por los que te rodean, sobre todo cuando sabes que
están pasando por dificultades. Porque un día, amiga,
estarás en un aprieto y esperarás que te traten de la
misma manera.

Esta es la Regla de Oro, y es una intención digna.
No es manipulación. No es ser amable para obtener
algo a cambio. Es ser las manos y los pies de Jesús. Es
seguir el mandamiento de Dios de amar a los demás,
y es una oportunidad de alegrarle el día a alguien.

*Dios, ayúdame a tratar a los demás con
compasión impulsada por tu amor hacia
ellos. En el nombre de Jesús. Amén.*

Vivir de tal manera

En cambio, adoren a Cristo como el Señor de su vida. Si alguien les pregunta acerca de la esperanza que tienen como creyentes, estén siempre preparados para dar una explicación.
1 PEDRO 3.15 NTV

Debes vivir de tal manera que los demás noten que eres diferente. Cada día debería ser una oportunidad única para dirigir a los demás hacia Dios en el cielo. Lo que dices al oído de los demás importa. La forma en que actúas ante el gozo y los desafíos capta su atención. Y como saben que eres cristiana, quieren ver qué te hace diferente. Están observando para ver si tu fe es real. Para Jesús eres un ejemplo a seguir, así que sé intencional para vivir de una manera que lo glorifique.

Más aún, sé una representación auténtica de lo que hay en tu corazón. Cuanto más tiempo pases en comunión con Dios, más se mostrará en el resto de tu vida. Y eso es un hermoso regalo para los que te rodean.

- -

Dios, haz que mi vida muestre mi amor por ti. Dame las palabras adecuadas para compartir en los momentos adecuados para que otros también te sigan. En el nombre de Jesús. Amén.

Índice de textos bíblicos